U0685172

谁该向中国忏悔

——抗战胜利反思录

朱小平 著

辽宁人民出版社

© 朱小平　2013

图书在版编目（CIP）数据

谁该向中国忏悔：抗战胜利反思录 / 朱小平著.
沈阳：辽宁人民出版社，2013.9（2020.6重印）
ISBN 978-7-205-07738-9

Ⅰ.①谁… Ⅱ.①朱… Ⅲ.①中国历史—现代史—研
究 ②抗日战争—研究—中国 Ⅳ.①K270.7 ②K265.07

中国版本图书馆 CIP 数据核字（2013）第216629号

出版发行：辽宁人民出版社
　　　　　地址：沈阳市和平区十一纬路 25 号　邮编：110003
　　　　　电话：024-23284321（邮　购）　024-23284324（发行部）
　　　　　传真：024-23284191（发行部）　024-23284304（办公室）
　　　　　http://www.lnpph.com.cn
印　　刷：龙口市新华林文化发展有限公司
幅面尺寸：175mm×240mm
印　　张：13.75
字　　数：230千字
出版时间：2013 年 9 月第 1 版
印刷时间：2020 年 6 月第 2 次印刷
责任编辑：马　辉　董　喃
装帧设计：先知传媒
责任校对：于凤华　刘再升
书　　号：ISBN 978-7-205-07738-9
定　　价：28.00元

序

乔宗淮

听到朱小平同志的新著《谁该向中国忏悔——抗战胜利反思录》即将由辽宁人民出版社出版，很为他感到高兴。

因万伯翱同志介绍，始与朱小平同志相识。他不仅是资深编辑、记者，也是一位诗人和作家。我读过他的散文随笔集和诗集，文笔娴雅隽秀，且蕴含思想性，由此可以看出他是一位创作态度严肃、格调高雅的作家。

我间断地读到朱小平同志在杂志上连载的《谁该向中国忏悔》，不禁回想起上世纪 50 年代我国创作的儿童剧《以革命的名义》中列宁的一句话："以革命的名义想想过去，忘记过去就意味着背叛。"中华民族的历史、兴衰、荣辱与炎黄子孙的爱国主义情感永远交织在一起。"前事不忘，后事之师"，这本书恰恰能使读者尤其是青年人了解近代中国所受到的屈辱和劫难，从而会激励人们更加热爱我们的祖国，更加珍惜来之不易的今天，为祖国的强大和昌盛而自豪，为振兴中华而不懈奋斗。胡锦涛总书记近日提出要"坚决抵制'低俗、庸俗、媚俗'"，我认为这本书是一部严肃的文史读物，是一部爱国主义的历史普及读物，不仅开卷有益，而且振聋发聩、发人警醒。今年是抗日战争胜利 65 周年，辽宁人民出版社独具慧眼出版此书，相信一定会受到读者的欢迎。

2010 年 8 月

（作者为国务院参事、外交部原副部长）

CONTENTS ▲目录

CONTENTS
目录

永远的遗憾 —— 是谁阻挠中国对日索赔

CONTENTS ❸目录

CONTENTS
④目录

白山黑水的悲怆 —— 抗战后东北主权严重丧失纪实

遥望沧溟意未平 —— 罗斯福建议收回琉球始末

CONTENTS
⑥目录

前事不忘，后事之师 —— 谁在二战中伤害中国

主要参考书目 —— 209

（全书约20万字，自2006年9月至2008年12月被中国侨联《海内与海外》杂志全部连载）

楔　子

2010 年 8 月 15 日是中国抗日战争胜利 65 周年纪念日，这一天恰逢舟曲泥石流灾害遇难者全国哀悼日，媒体上有关抗战胜利纪念的报道不是很多。

这个日子应该是中国人永志不忘的一天。从九一八事变起，日本军国主义发动了侵华战争，中华民族面临亡国灭种的劫难，中国人民奋起抗战，以伤亡军民 3500 万人的代价，在世界反法西斯同盟的支援下，最终赢得了抗日战争的胜利。

在 2010 年"八一五"前夕，时任日本首相向韩国就当年日本吞并韩国道歉（他用的词是"韩日合并"），却没有一个字向受伤害最巨大的中国及朝鲜、东南亚国家道歉。时至今日，日本政要一再否认日本侵略、慰安妇等罪行，浏览"八一五"前后的新闻，可以看到日本频繁借台湾问题向中国抛出不友好言论；公然宣称将在中国固有领土钓鱼岛附属的黄尾屿、赤尾屿设立测量基点和在周围设置"保全区域"（后来又以政府名义对钓鱼岛实施"租借权"实施"管理"，直至上演"购岛"闹剧）；中国学者提出日本对冲绳（琉球）的主权缺乏国际法基础，也引发了日本的鼓噪；日本与美国频繁举行军演，公然将钓鱼岛划入"安保"范围……

标榜"人权"的西方大国一直借所谓台湾、新疆、西藏问题向中国指手画脚，明里暗里支持"台独""疆独""藏独"势力，这表明，在二战中伤害中国的可耻行径仍在延续。英、法等国的纳粹组织与日本的极右翼"一水会"沆瀣一气，公然在"八一五"这天参拜靖国神社，向中国示威……

这一切无不表明，在抗战胜利 65 年后的今日，法西斯军国主义的阴魂不散。冷战言论仍然甚嚣尘上。中国人民不会忘记历史，更会珍惜得来不易的今天。"前事不忘，后事之师"，"居安思危"是中国最富哲理的古训之一。"多难兴邦"，铸就了中华民族百折不挠的性格。

中华民族是崇尚仁义、爱好和平的民族，"以德报怨"并非忘记历史。历史尤其近代以来的历史给中国带来太多的灾难和耻辱，牢记历史将成为中华民族复兴的无穷动力。

抗战胜利后，中国是战胜国中唯一善待日本战俘和日本战争遗孤的国家，而且在中日建交时本着中日世代友好的善良心愿放弃了国家赔偿。但日本政府至今不肯对中国劳工、慰安妇等问题作出赔偿，连一句道歉的话都不肯说。实际上被掳到日本的劳工只是一小部分，日本占领期间，被强迫修筑东北东宁要塞群的中国劳工中，有17万被日军屠杀，存活者寥寥无几！

日本统治下的抚顺煤矿，死亡劳工达1万余人！

现存史料证明，不仅是纳粹德国有"奥斯维辛"，日本占领北平期间，在西苑二十九军兵营也设立了一个集中营，囚禁国共双方军队的被俘士兵，押往日本的劳工即由此派出。在这个日本"奥斯维辛"集中营中，据统计死亡者有数万人之多！

……

这一幕幕血淋淋的惨痛历史怎可忘怀？！这样的历史也是无法抹去和不容否定的。对这样惨痛和屈辱的历史，中国人民不会忘记，而且有责任告诉我们的下一代。

中国人民对伤害过自己的人不会忘记，对援助过中国人民抗击日本法西斯的人同样不会忘记，包括美国、苏联援华作战牺牲的将士，包括白求恩、柯棣华等牺牲在中国土地上的外国友人，包括日本共产党"反战同盟"和侵华日军中参加中国人民抗战事业的士兵们……周恩来在1956年6月27日接见日本代表团时曾称赞道："我们很感激一部分日本人，他们在解放战争时期，作为医生、护士、技术员参加了解放战争，这些更增加了我们与日本人民缔结友好关系的信心。日本的军国主义确实是残酷的，但协助我们的日本人民有很多。"

正是基于此，中国人民不会忘记帮助过自己的人们。2010年八一建军节前夕，中华人民共和国国防部长梁光烈上将会见了参加过抗日战争和解放战争的日籍老战士代表团，他们是26000多名当年参加过抗战、参加东北野战军的日籍战士的代表……

勿忘历史，包括苦难、屈辱、惨痛、被肢解出去的领土……

2010年8月

历史不该忘记
——南京大屠杀首犯何以逃脱极刑

　　二战结束后，德国、日本的首要战犯无不被同盟国审判和处以极刑。除罪大恶极者被处以绞刑外，次等战犯亦被处以徒刑，这体现了正义的最终胜利。

　　但中国在抗战胜利后，却发生咄咄怪事。冈村宁次等罪恶昭彰的头号战犯却安然无恙。当时美国出于反共反苏的冷战需要，扶持日本，未能彻底铲除日本的军国主义体制，也未将负有战争责任的日本天皇予以审判。据现有史料表明，本来美国对天皇本人及其制度也拟与德国纳粹一样予以彻底铲除，但在美军占领日本后，天皇裕仁曾秘密拜访麦克阿瑟，晤谈许久，内容并不为他人所知晓。之后，果然裕仁逃脱了审判，天皇制度也被允许保留。这其中必有默契，也可显见美国对待一切事务的双重标准，完全是从自己的政治利益出发。

　　对中国处理日本战犯，蒋介石固然负有责任，但美国的政治取向也影响了对战犯的绳之以法，并网开一面为美国的整体利益服务。

　　美国在追究日本战犯刑事责任这一大是大非的问题上，与日本有一些秘密交易，从而损害了东京大审判的公正性。当然，特别明显和罪恶昭彰的战犯，美国也不敢公开庇护。如对中国进行南京大屠杀的刽子手，大多受到惩罚。1945 年 9 月 11 日，盟军司令部下达对战争罪犯的逮捕令，并在日本东

▲日本天皇宣读日本投降诏书

京、中国南京、菲律宾马尼拉等设立审判日本战犯的军事法庭。在南京屠城中的主要刽子手和元凶、华中方面军（华中方面军下辖第3、9、11、13、16、101六个师团）司令官松井石根，被列为甲级战犯，于1948年在日本东京巢鸭监狱被处死。另一部分屠城日军是第10集团军（下辖第6、18、114师团），司令官是柳川平助，这个元凶于1944年病死（一种说法认为他是畏罪自杀），未能被处以极刑。在南京灭绝人性的屠杀中最为残忍和血债累累的是第10集团军所属第6师团和华中方面军的第16师团（臭名昭著的"百人斩比赛"即该师团步兵第19旅团第9联队第3大队少尉野田毅、向井敏明，二人于1947年12月18日被南京军事法庭判处死刑），但第16师团长中岛今朝吾（他同时兼日本占领南京地区警备司令）于1945年10月死亡，也未受到极刑。中岛在南京曾亲手一次斩杀10多名中国人，真正是死有余辜。南京屠城的刽子手——第18师团长牛岛贞雄和第114师团长末松茂治下落不明，成为谜团。

第6师团长谷寿夫、第10集团军参谋长田边盛武、华中方面军副参谋长武藤章、第14军司令官本间雅晴等，则受到正义的审判，皆被处以极刑。谷寿夫被南京军事法庭判处死刑，武藤章被判处绞刑，本间雅晴被引渡到马尼拉军事法庭受审，并被判处死刑。但是，如同德国纽伦堡审判在美国的控制下并未彻底清算一样，远东（东京）审判在美国的控制下更不彻底，不仅未清算头号战犯裕仁的战争罪行，连南京大屠杀始作俑者、最大的元凶朝香宫鸠彦也被放掉了！

麦克阿瑟庇护裕仁使其未受审判

关于裕仁在日本军国体制中的作用和在发动二战中的责任，已经非常明确。只不过他在麦克阿瑟的庇护下没有受到惩罚而已。麦克阿瑟在刚刚占领日本之时，确实想履行他的诺言："不追究天皇的战争责任，死不瞑目！"以洗刷他在菲律宾被日本战败的耻辱。严惩日本的战争罪行，审判日本天皇，一度是驻日美军管制当局的首要任务。而且麦克阿瑟一度还想利用日本皇室之间的矛盾，换掉裕仁。

公元 13 世纪末日本南北朝时代，皇室内部分成两大派系，1392 年在幕府干预下，皇权归于北朝。1945 年 9 月，南朝直系后裔熊泽宽道上书麦克阿瑟，称裕仁是"篡位的北朝天皇的子孙，他必须将皇位返还给我"。麦克阿瑟颇为重视，曾派员向熊泽调查。1946 年元旦，裕仁迫于麦克阿瑟的压力，公开发表《人格宣言》，向全体日本国民宣布自己不是"现人神"。1 月 18 日美军《星条旗报》在头版刊登大肆宣传熊泽的报道《他才是真正的日本天皇》，这明显是驻日美军当局借此施压，以逼迫裕仁就范，驯服地执行美国占领日本的一系列方针大计。但最终麦克阿瑟还是认为不审判、不更换裕仁更符合美国的利益。他看到骄横的日军只需天皇的一纸诏书便放下武器，感慨裕仁是"胜

▲麦克阿瑟在日本期间与日本天皇在一起

5

过 20 个机械化师团的力量"，他认为可以利用天皇制度对日本进行间接统治，以防止日本成为共产主义的岛屿。

不可否认，裕仁也明白美国人的用心。1945 年 9 月 27 日，裕仁亲自登门拜访麦克阿瑟密谈，从而达成了美国不顾道义准则的见不得人的交易。秘密会见后，麦克阿瑟立即致电美国总统杜鲁门，建议"不能把裕仁作为战犯逮捕"。麦克阿瑟以他的威望及对美国政府的影响，终于使杜鲁门原定对日本的政策发生了逆变。

远东国际军事法庭成立后，盟军最高司令部国际检查局局长、远东国际军事法庭首席检察官基南于 1945 年 12 月初动身登上赴日飞机后，杜鲁门火速派人将一封亲笔信交于他手上，明确指示他不得对裕仁和皇室任何成员予以起诉！对于美国的双重标准，澳大利亚等国针锋相对提出以裕仁为首的日本主要战犯名单。中国、新西兰、苏联、荷兰等国也主张审判裕仁。美国政府一方面对盟国施压，一方面秘密指示麦克阿瑟："对天皇制的直接攻击会削弱民主势力而加强共产主义和军国主义这两种极端势力。故此命令总司令官（指麦克阿瑟——笔者注）暗中协助扩大天皇的声望……"至此，美国庇护战犯裕仁、保留天皇制的政策最终形成，不对裕仁及皇室成员犯下的战争罪行予以起诉，成为远东国际军事法庭的金科玉律。一些犯下滔天罪行的皇室成员如朝香宫鸠彦也因此没有受到极刑的惩罚。

首犯朝香宫鸠彦在美国庇护下逃脱极刑

朝香宫鸠彦亲王是日本天皇裕仁的"皇叔"，是南京大屠杀真正的罪魁祸首。早在 1926 年 12 月裕仁登基前，朝香宫兄弟三人就成为裕仁组织的好战小集团的骨干分子。长兄东久迩宫常驻伦敦，二兄北白川与朝香宫常驻巴黎，定期向裕仁报告英、法对日本军国主义扩张的反应。后朝香宫与北白川驾车时发生车祸，北白川当场撞死，朝香宫一条腿粉碎性骨折。1937 年 2 月 26 日，日本少壮派军人发动兵变，因朝香宫吁请天皇裕仁赦免政变军官，被裕仁认为危急时刻态度不当，将他从皇室成员名单中剔除，好战的朝香宫从此失宠。

1937 年 12 月 1 日，日军开始进攻南京。此时上海派遣军司令官松井石根结核病发作，卧床而不能主持军务。次日，日本大本营任命朝香宫以陆军中将衔接替松井职务。5日，朝香宫抵达南京前线司令部，立即听取第10军司令官柳川平助、第16师团长中岛今朝吾等人的战况报告，尤其听到中岛今朝吾谈到中国军队经过最初接触谈判后没有投降意愿，遂兽性大发，责令部下尽快攻陷南京。在12日南京沦陷前，朝香宫即发出一连串由他本人亲自盖章签署的命令，上面均标有"机密·阅后销毁"字样，但命令的内容却简单而明了："杀掉全部俘虏！"由于有朝香宫十分明确的命令，日军在南京大开杀戒。

中岛今朝吾所部在乌龙山、幕府山炮台附近俘虏中国士兵14777名，全部被惨无人道地"处理"！这个数字是日本记者的统计，但远东国际军事法庭判定为57400余人！这个数字除了教导总队等战俘18000余人，还包括了从南京城里逃出聚于幕府山西南的平民4万余人！柳川平助及其日本9个师团也开始在各地屠杀。朝香宫又委任中岛为南京市区警备司令，在城内大肆屠杀。1954年8月在中国抚顺受审的日本军官太田寿男，供认在南京"处理"中国人尸体共15万具，其中军人尸体只有3万具（这还仅限于12月18日以前被日军杀死的人数）。日军在南京屠杀中国人为369366人，奸污妇女8万余人！1946年2月，中国国防部战犯审判军事法庭（南京军事法庭）根据证据，判定被屠杀人数为30万人！故此对直接当事人谷

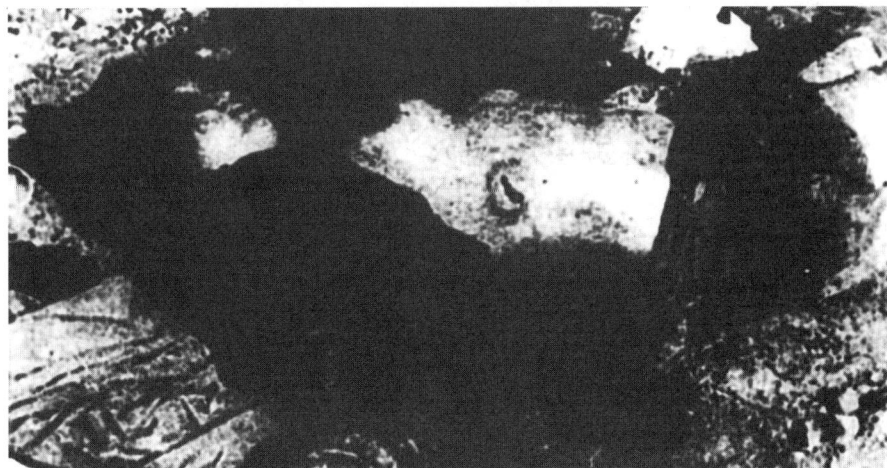

▲一个少女被日寇轮奸后被刺刀捅入右肋而死

▲南京审判日本战犯军事法庭庭长石美瑜、首席检察官陈光虞等率工作人员在各处检验南京大屠杀受难同胞尸骨

寿夫等四人判处死刑。1948年，远东军事法庭以当时能够确认的证据判定被屠杀人数不少于20万！东京审判于1948年裁定："日方占领南京市的两三天里，至少导致12000名中国非武装青少年死亡"、"在实施占领的最初六周内，在南京及其周边遭到杀害的老百姓和俘虏总人数，据认为在20万人以上"。因而不仅判处松井死刑，时任日本外相广田弘毅也被认定承担责任而被判处死刑。南京大屠杀在朝香宫的命令下，自1937年12月集体屠杀一直延续到1938年2月的小股屠杀，时间长达3个月！据中国南京军事法庭调查表明：共有19万人死于日军28案集体屠杀，15万人死于858小股和零星屠杀！这场历史上最残忍的血腥屠杀，完全出于朝香宫的一道命令，他是南京大屠杀真正的元凶和首犯！

而且，后来的档案证实，朝香宫不仅下令屠杀战俘，"有444宗谋杀、集体屠杀、强奸、纵火和抢劫案例被证明与朝香宫有关！"

1938年2月12日，朝香宫带着马靴上中国军民的斑斑血迹，回国复命。裕仁在皇宫接见并对他的屠城"战绩"大加赞赏，并特赐雕有日本皇室菊花纹徽的银质花瓶一对，以示褒奖，且因"战绩"恢复朝香宫的皇室身份。他的军衔也因屠杀有功而被晋升为大将。在此之前，裕仁闻听朝香宫率军攻陷南京，曾向日本大本营参谋总长、也是他叔父的闲院宫亲王谈到，对朝香宫在南京的行动异常满意。闲院宫据此向朝香宫发出贺电："战绩卓著，史无前例。"此后，朝香宫与裕仁的关系更加密切，经常会晤，也一同打高尔夫球。

日本投降后，为逃避审判，裕仁首先将原来委以重要军职的皇室成员调离军职，并在与麦克阿瑟会晤后，最终获得美国政府"不得审判天皇及皇室成员"的承诺。南京大屠杀的首犯朝香宫最终得以逃脱极刑，逍遥法外，终日以高尔夫球自娱，以94岁高龄于1981年4月12日死去。这使得30多万南京大屠杀遇难者的亡灵永远不得安宁——因为元凶没有受到惩罚！

裕仁及皇室成员的罪责无法隐瞒和篡改

60多年来，特别是上世纪80年代后期，日本国内右翼和一些官方人士掀起一股否认南京大屠杀存在和篡改日本侵华罪行的逆流。如2007年12月8日日本《产经新闻》头版头条文章居然胡说《大屠杀是蒋介石的虚构》；右翼学者阿罗健一出版《再验证，南京发生了什么》，极力否认南京大屠杀，认为是国民党虚构，20世纪80年代又被中国当成"外交牌"。其实这股逆流在日本也并非主流，在日本几乎每个图书馆都可以查到日本自己记载的有关南京大屠杀的文献，如《南京战史》《南京事件——亲历者27人的叙述》《南京大屠杀——历史篡改者的败北》等等。1951年日本签署美国主导的"旧金山和约"，虽然连国民党台湾当局也被排斥在外，但日本毕竟承认了和约中的这一条款："日本接受远东军事法庭、日本国内以及国外其他的联合国战争犯罪法庭所作裁决。"今天，打开日本外务省网站主页，都可以看到代表外务省的如下文字："日本政府认为，日本在进入南京后杀害许多非武装人员和进行掠夺的行为是不能否定的。"国际上对南京大屠杀惨案也一直在不断补充证据、追查责任，但却往往忽略了日本天皇裕仁及皇室成员发动二战的罪责，特别是发动侵华战争和南京大屠杀的罪行（裕仁在发动侵华战争之初已下令定性为对中国的"惩罚战争"）。

中国对于南京大屠杀从来没有停止过史料的搜集，2005年江苏人民出版社出版28卷《南京大屠杀史料集》，2007年12月又出版29至55卷近3000万字的史料。笔者认为，对于裕仁及朝香宫等皇室成员对南京大屠杀罪责的证据，更应加以搜集，以使全世界都知道有如此丑恶、凶残的一幕缘于何人！

二战中日军的惨无人道超过了其盟国德国，日本在亚洲战场至少屠杀了2000万人！日本的"三光"政策的残暴远远超过党卫军，德军国防军及党卫军在欧洲攻陷任何一座城市，都未曾像日本这样一次屠杀数十万人！

▲一批批中国妇女被押送各处，分配给日本官兵轮奸，她们中很多人之后被杀

▲远东国际军事法庭审判日本甲级战犯

日本的卑劣残忍、毫无人性不仅在于杀戮平民和战降军人，在于它已加入了《海牙陆战法规和惯例条约》（1899年通过、1907年修订），却对平民、战俘，对已投降的中国军人加以残杀，日本军队有何人性、道义可言！？裕仁在第二次世界大战和侵华战争中所扮演的角色并非如日本右翼所开脱的是"被动"，他是日本三军的最高统帅。在整个战争期间，他出席所有重要的军事会议，发布一系列命令，这已被无数铁一般的史料所证明。本书主要谈及他对南京大屠杀所负有的罪责。他于1937年8月15日，亲自在皇宫召见松井石根，任命松井石根为上海派遣军总司令。在松井石根率部西进南京时，"裕仁在皇宫里建立了他的帝国最高指挥部来监视所有重要战场。这个指挥部，政治家们，甚至首相也都是被排斥在外的"。为了更进一步加紧控制军队的动作，裕仁又速派朝香宫接替松井为上海派遣军总司令，并将其提升为大将。裕仁对南京大屠杀非常了解，1938年1月，裕仁的表弟、驻德国代表贺阳宫邦宪访问南京，归来向裕仁报告南京惨状，裕仁无动于衷。他的胞弟三笠宫崇仁亲自向他报告南京日军暴行，他亦未予以干预和制止。三笠宫崇仁亲王是裕仁最小的弟弟，他对日军在南京的暴行痛心疾首，曾向裕仁谈到南京的情况，还让他看了中国拍摄的有关日军在华暴行的电影片。1944年，三笠宫曾撰写谴责日军在华暴行的讲话

稿，但日本军方禁止公布他的
这一讲话稿，并被没收销毁。
1994 年 6 月 6 日《读卖新闻》
采访已成为历史学者的三笠
宫，谈到了上述情节，但可惜
没有谈及当时裕仁的态度。事
实证明，裕仁对南京大屠杀是
不反对的；相反，还对参与屠
杀的高级将领予以嘉勉。1938
年 2 月 26 日，除前一节所述

▲日本投降后，日本右翼妄图用美色软化美军。图中
前排左三为美军第一骑兵师上校

裕仁接见朝香宫，对他的屠城"战绩"异常满意大加赞赏外，还接见南京屠城
的两个元凶松井石根、柳川平助，对他们攻克南京予以嘉勉，也各赠一对皇家
菊花纹徽银瓶以示褒奖（其实，松井于 1937 年 12 月 17 日到 19 日只在南京住
了 3 天，而大部分时间直接在南京指挥屠杀的则是朝香宫）。

裕仁作为战犯应接受审判，当时日本战败后，大多数同盟国是达成共识
的，如中国、苏联、澳大利亚、新西兰、荷兰等国。而美国包庇裕仁及皇室成
员的战争罪行，使得当时远东国际军事法庭的很多成员大为困惑。不妨摘引若
干，以见美国庇护日本战犯的政策是多么不得人心。

东京审判前，我一直认为作为专制君主的日本天皇应对授权制造战争而
负责，由审判中提供出来的大量证据证实了我的看法，揭露出天皇确确实实地
授权制造了这场战争，因此应负罪责。

——远东国际军事法庭审判长 威廉·福勒·韦伯爵士

无可否认地，这些被告人（指出席法庭受审的东条英机等战犯——笔者
注）其实只不过是那些逃避了被起诉的战争发起人的帮凶而已。

——远东国际军事法庭法国代表 亨利·伯纳德

假如起诉一方追究个人罪责和事实真相，他们为什么不要求日本天皇出庭作证？

——远东国际军事法庭辩护律师 奥·坎宁安

11

实际上不仅是朝香宫，很多日本皇室成员在侵华战争期间皆有重要军职，如闲院宫载仁亲王任大本营参谋总长，朝香宫直接指挥军队攻城略地，制造南京大屠杀。1940 年 10 月，日本侵华派遣军司令部出版《中支那的征途》一书，发表大量皇室成员身着戎装在战场上的照片，其目的就是炫耀他们的"战绩"。现在恰好成为皇室成员犯有战争罪行的铁证。这些皇室成员有：朝香宫鸠彦亲王、秩父宫雍仁亲王、梨本宫守正亲王、北白川宫永九亲王、闲院若宫亲王、贺阳宫恒宪殿下、伏见若宫亲王、高松宫宣仁亲王、闲院宫载仁亲王、三笠宫崇仁亲王、竹田宫恒德亲王、东久迩宫稔彦亲王。历史是不可以抹杀的，尤其是对中国人民欠有血债的日本皇室成员。除双手沾满中国人鲜血的朝香宫之外，还有竹田宫恒德，他是臭名昭著的日本"七三一"细菌部队行动课军官，化名宫田中佐。大批的中国人、朝鲜人、俄国人，以及美军战俘，死在细菌试验和活生生的解剖之中。但美国政府不顾准则，竟然经麦克阿瑟批准，以"七三一"细菌部队试验结果作为交换，为使其在细菌化学战上超越苏联，使石井四郎等细菌部队成员免受起诉。须知，"七三一"细菌部队成立是经裕仁亲自盖印批准组建的。豁免石井，也就等于免使裕仁及皇室成员在法庭上曝光。当年远东国际军事法庭荷兰若邻法官曾大声疾呼：美国政府应当"为向东京法庭隐瞒日本在'满洲国'用中国人和美国俘虏做生物试验的事实而感到耻辱"，"作为东京远东国际军事法庭的法官之一，我对现在才得知美国政府隐瞒了当时奉日本最高当局之命而造成的最不齿于人类的罪行而痛心疾首"。当然，美国也起诉了所谓"战犯"昌德宫李王垠。虽然他曾为日本陆军第 59 联队联队长、中将衔第一旅团旅团长、第一航空军司令，但他本人却是朝鲜高宗皇帝第七子、纯宗皇太子，忘了自己高贵的朝鲜皇族身份，一生狂热亲日。所以日本为表彰他的奴化"功绩"，授予他"昌德宫李王垠"称号。但比起朝香宫、裕仁来，李垠的罪行，简直是小巫见大巫了。不要忘了，日本卵翼下的"伪满洲国"皇帝溥仪都被作为战犯判刑，朝香宫、裕仁的战争罪行怎能被美国一笔抹杀！？李垠也代表不了日本皇室，美国的苦肉计更不能掩盖裕仁、朝香宫的罪行！

美国至今也未曾道歉和忏悔（虽然解密了若干文件），为日本投降后一笔笔肮脏的幕后交易，为包庇日本天皇及皇室成员的战争罪行，特别是南京大屠杀和细菌试验的罪行，而不惜无耻地抛弃道义和人权的准则。莫说南京大屠杀中死难的30多万中国人，美国政府怎么面对被"七三一"部队做细菌实验悲惨而死的几十名美军战俘的父母和妻儿呢！？我不是狭隘的民族主义者，但我坚决反对时下某些学者所谓对南京大屠杀开展什么"人性"的"研究"，"可以宽恕"，"理性地对待历史"，"不要记住仇恨"，在日本右翼和一些政要否定南京大屠杀的今天，在日本大多数媒体至今保持沉默的今天，在南京大屠杀元凶至今未曾定罪的今天，在美国、荷兰、欧盟议会（代表27个国家）等纷纷做出谴责慰安妇罪行决议的今天，说这些为杀人犯开脱的话如何面对永不瞑目的30多万亡灵！？血流飘杵的历史怎么可以忘却呢？这世界文明史上最黑暗的一幕怎么可以轻言"宽恕"呢？这样的血海深仇怎么可以"理性"地忘却呢？

▲ "七三一"细菌部队部队长石井四郎

　　笔者在文末列标当年南京屠城日寇所有部队番号，及各级统帅、指挥官的序列，使我们的子子孙孙永远铭刻不忘——是美国包庇南京大屠杀的元凶首恶使其逃脱极刑：

最高统帅裕仁后

华中方面军司令官松井石根大将

上海派遣军司令官朝香宫鸠彦亲王

第13师团长荻洲立兵中将

第16师团长中岛今朝吾中将

第11师团长山室宗武中将

第 3 师团长藤田进中将

第 9 师团长吉住良辅中将

第 101 师团长伊东政喜中将

第 10 军司令官柳川平助中将

第 6 师团长谷寿夫中将

第 18 师团长牛岛贞雄中将

第 14 师团长末松茂治中将

　　我的脑海永远萦系这样的一幕：抗战胜利后的 1947 年 7 月，中华民国驻日代表团军事首席参谋、海军少校钟汉波，乘坐曾被日军俘获的中国海关巡视船飞星号，押运被日本盗走的"定远""靖远"两舰铁锚返回祖国。这难道就洗刷了日本侵华的奇耻大辱了吗！？ 30 多万南京大屠杀亡灵和 4 万万中国人期待着的是真正的屠城元凶被押回到中国的土地上明正典刑……

国耻犹未雪
——未振国威的对日受降

2010年3月，我来到细雨潇潇中的湘西芷江，这个在中国人民抗日战争史上有着重要位置的城市，我对她有着一种特殊的情感。自甲午战争以来，穷凶极恶妄图吞并我中国、灭亡我种族的日寇，终于低下了头，"一片降帜出芷江"，在这里向中国、向盟军洽降（不少史料报章屡云"芷江受降"，其实，应为"芷江洽降"）。

古今中外，凡战胜异族侵略者，是一个民族和国家最盛大的节日，也是永不磨灭的纪念日。中国自鸦片战争以来，受尽了英国、法国、俄国、日本等列强的凌辱，割地赔款，开放租界……泱泱中华帝国，屡战屡败，即便中法战争获胜，居然也签订了城下之盟的屈辱和约。特别是甲午以来，本来也受列强欺辱的日本，居

▲1937年12月18日，在南京日军阵亡兵士慰灵仪式上，（左起）第3舰队司令长官长谷川清，中支那派遣军司令官松井石根，裕仁的皇叔朝香宫，第10军司令官柳川平助

15

然也向中国挥舞魔爪，伺机蛇吞象。这是列强中唯一欲灭亡中国的弹丸小国。而中国的抗日战争是百年来唯一战胜外来侵略者而获得的辉煌胜利。

八年的浴血抗战（实际上应从抗日义勇军揭竿而起计算——14年），我中国伤亡3500万人，损失6000亿美金，才赢得了避免亡国灭种的伟大胜利。其受降仪式理应堂堂正正、大振国威，以震慑其对中国不轨之心（君不见《联合国宪章》至今仍将日本列入"敌国条款"），以激励万世子孙——"把我们的血肉筑成我们新的长城，中华民族到了最危险的时候……"

受降，就是居安思危、明正胜利、不忘国耻，就是要珍惜得来不易、付出巨大牺牲的胜利。但当时的国民党政府一直怀有剿灭中共的鬼胎，而且畏惧日本军国主义卷土重来，从蒋介石、何应钦等人看，皆怀有浓郁的亲日情结，抱有"以德报怨"的思想，从未认真清算日本军国主义的罪行，从未清算对中国人民欠下血债的战犯的罪行。如日本天皇的叔父、上海派遣军司令官宫鸠彦亲王，据现有史料证明，他才是下令对南京屠城，造成30万中国战俘和平民死亡的刽子手！屠杀俘虏的命令是由他本人亲自盖章签署发出的！命令简单明了："杀掉全部俘虏。"在追究日本战犯刑事责任的背后，包括主犯裕仁，美国和日本更有见不得天日的交易。还有冈村宁次，罪不容诛，却被蒋介石一直待为上宾，未受任何刑事处罚。

列强对于中国，并非出于真心援助和同情，英国在二战中一直对中国极端蔑视，不肯像美国那样，归还租界等殖民利益。在东京审判上，可以看出对中国检察官、对中国的不屑和傲慢，并不断阻挠中国对日本战犯的起诉（可参看当年中国检察官梅汝璈先生日记及回忆录）。对于受降仪式，国民党政府也不重视。在菲律宾盟国对日洽降仪式和

▲《波茨坦公告》促令日本无条件投降

"密苏里"号军舰上的受降仪式上，中国派出了军令部长徐永昌，这不免有些滑稽。如美国派出麦克阿瑟，这是对日作战的主将之一，正是宣以军威、国威，而徐永昌未上战场直接对日作战，岂非文不对题？再如芷江洽降、南京受降、全国分区受降，均给人仓促、忙乱、简陋、无序之感，未能体现战胜倭寇的堂堂军威、国威，给人留下永远的遗憾。

美国划定受降区域未考虑中国付出的巨大代价

1945年9月2日，经过在菲律宾的洽降后，日本国政府及大本营正式向盟国投降。仪式在停泊于日本东京湾的美国战舰"密苏里"号上举行。美国总统兼武装部队总司令杜鲁门先征得中、苏、英三国同意，于8月15日任命同盟国西南太平洋战区最高统帅麦克阿瑟元帅为同盟国部队最高统帅，同时为同盟国接受日本政府及日本大本营投降的总代表。

在"密苏里"号军舰上，麦克阿瑟以同盟国受降总代表身份，在日本政府投降全权代表、外相重光葵和日本大本营代表、参谋总长梅津美治郎递交的降书上签字，代表同盟国阵营接受日本的战败投降。随后，同盟国主要国家的受降代表也分别代表本国政府在降书上签字。第一个签字的是美国海军尼米兹元帅，第二个是中国全权代表、国民党军委会军令部长、一级陆军上将徐永昌，其他依次为英国、苏联、澳大利亚、加拿大、法国、荷兰、新西兰等国代表。这次同盟国受降，只是接受日本政府和大本营的投降，对于具体各交战区域的日军，则还要分区受降。因而麦克阿瑟打破同盟国在太平洋及远东三个战区界限，将所有与日本交战区域划为六大受降区。

第一受降区是苏联接受受降区域，其范围为：中国东北、朝鲜半岛北纬38度线以北地区、库页岛及千岛群岛。

第二受降区为中国战区，其范围为：中国本土（不含中国东北）、台湾、澎湖，及法属安南（即越南）北纬16度线以北地区。

第三受降区为东南亚战区，其范围为：缅甸、泰国、马来西亚、苏门答腊、爪哇、法属安南北纬16度线以南地区及西南太平洋岛屿等。

第四受降区为澳大利亚受降区域，其范围为帛琉（今贝劳）、新几内亚、所罗门群岛等。

第五受降区为美国海军受降区域，范围包括小笠原群岛、一战后日本委任统治地，及日本占领的太平洋岛屿。

第六受降区为美国陆军受降范围，囊括日本本土及附近岛屿、朝鲜半岛北纬38度线以南地区、菲律宾及琉球群岛。

▲1945年9月9日，中国战区日军投降仪式在南京黄埔路陆军总司令部前进指挥所进行

▲1945年9月，蒋介石回到上海，参加庆祝抗战胜利大会

这个划分区域在今天来看，甚有不合理之处。其一，虽然苏军攻入东北，促使日本关东军精锐土崩瓦解（也有一种说法认为关东军已非精锐，其主力早已抽调到其他战场），但当时的国民党政府与苏联签订丧权辱国的协定，不仅拱手相让外蒙古150万平方公里国土，也出卖了东北主权，致使在东北受降未有中国政府代表，这何以面对遭受了14年奴役的东北父老乡亲？何以面对九一八事变以来，在东北前仆后继的东北义勇军和东北抗联的成千上万的烈士的亡灵？何以面对当时4万万中国人的情感？

其二，香港本在中国战区范围之内，应由中国政府接受日本投降，并借此一洗割地之耻辱。但在当年日本进攻前迅速投降的英国（英国在印、缅、新加坡和香港等地都是一触即溃，望风而降。我看过有关纪录片，日本士兵进攻时竟骑着自行车优哉游哉，如入无人之境），却在此时恬不知耻要回香港受降。当时蒋介石一怒之下曾想调动两个军接管香港，但后来终于屈服美、英压力（英国曾无偿赠送国民党政府多艘如"重庆号""灵甫号"等大型巡洋舰）。杜鲁门也对英国让步，将香港从中国战区受降范围划出。美、英后来也觉得太有损蒋介石的脸面，经过协议，只给蒋介石以中国战区最高统帅名义委托英国代表受降，这真是滑天下之大稽。当时是可以藉此良机将香港收回的，但英国借此时机却重回香港进行殖民统治，致使香港52年后才回归中国！

第三，缅甸如从战区分，似也应归属中国受降。当时成立印缅战区，虽然美国施以军援，但主力作战人员皆为中国军队。中国派出精锐的十万远征军开赴印缅，由于英国的无能和失误，造成6万多中国最优秀、最精锐的健儿阵亡于异域！以战功而言，中国理应在缅甸等地接受日寇投降！否则何以面对"十万青年十万血"的远征将士？

第四，朝鲜被美国、苏联一分为二，划入自己的受降范围，这也极不公平。朝鲜被日本奴役后，朝鲜人民一直没有停止反抗，而对朝鲜支持最大、最有力、最无私的当属中国。

在1910年日本正式吞并大韩帝国之后，众多韩国志士流亡中国，图谋复国，而中国一直成为韩国独立运动的后方和基地。蒋介石曾积极撮合9个韩国复国团体，整合成一个光复团体。早在1919年，韩国流亡者就在上海成立了临时政府和临时行政院。

1940年韩国临时政府迁到重庆，虽然中国没有在外交上予以正式承认，但一直给予其合法地位。其韩国义勇军和光复军，一部分与八路军抗击日寇；一部分隶属国民政府军事委员会领导。其中，韩国临时政府向罗斯福请求承认，但罗斯福非但予以拒绝，还强求中国斟酌同意美国"托管"韩国。蒋介石这次倒是拒绝了罗斯福的建议，明确"随时考虑，应合国际情况，适时承认""先于他国承认韩国"的方针。在《开罗宣言》中，中国坚持战后韩国"自由独立地位"，承认韩国独立，更为其独立提供资金500万元！美、英后

▲1945年8月15日，日本投降后，蒋介石发表广播演说

又欲"托管"，蒋介石曾坚决反对。但几经努力，最终未改变苏美在雅尔塔会议（这次会议完全背着中国）上私自商定以北纬38度线作为对日受降的分界线，使蒋介石维护韩国统一的努力最终归于失败。

如此而论，为支持韩国复国、避免独立后"托管"做出最有力支持和努力的是中国，受降区域应完全由中国主持（包括韩国临时政府，因为他们也给了中国抗日斗争最大限度的支持）。

当然，最大的失误还在于蒋介石未听从罗斯福的建议，收回琉球群岛和小笠原群岛；如听从罗斯福的建议，这些地方也应有中国政府参加受降，仅加海外，应可大扬中华之威！蒋介石的失误，还有未听从美国的建议参加对日管制。所编练的两个师也被投入内战，只在日本有个有名无实的中华民国驻日军事代表团。

如果从更大的方面考虑，对日本本土的受降岂可没有中国参加？固然，由于美军的惨烈牺牲和最后投掷的两颗原子弹，包括苏联单方撕毁《苏日中立条约》出兵东北，迫使日本无条件投降。但若没有中国军民艰苦支撑中国战区，死拖日寇于泥潭之中，日本早就抽出精锐奔赴太平洋战场，关东军也可能履行与德国之约定，夹击苏联，那其后的世界格局将不堪设想。这一重要性，罗斯福、斯大林、丘吉尔早就感恩戴德了。但到对日本本土受降，却把中国一脚踢开，中国做出的巨大牺牲被置之不顾。蒋介石本是要脸面的人，但他为了一己私利，主要是依靠英美（包括获得苏联的支持，与中共一决雌雄争夺天下），故而一再仰美英鼻息，致使中国国威和国家利益一再受损。

芷江洽降确定受降主官和方式须征求美国意见

八年抗战，起于宛平卢沟桥（其实"九一八"实为抗战之始），终于芷江七里桥，定于芷江洽降，自应有其重大意义！

德国乃于1945年5月9日（英国夏令时零时1分）宣布投降。而日本却欲反抗，一直以本土作战的"玉碎计划"拒绝投降。7月26日晚9时20分，美、英、中以《波茨坦公告》（实为盟国的最后通牒）限令日寇无条件投降。美军于8月6日上午8时15分、9日上午10时58分，分别使用原子弹投掷于日本广岛、长崎。8月8日，苏联外交人民委员（相当于外交部长）莫洛托夫接见日本驻苏联大使佐藤尚武，发表《苏联对日宣战声明》，不待音落，苏军即发兵东北。在中国国内的湘西，国民党军于4月9日至6月2日，击溃日寇欲夺芷江机场图谋，一举取得湘西会战大捷，这亦为中国对日最后一役的大捷。8月10日凌晨，裕仁被迫召开御前会议决定无条件投降。6时45分，日本外务省委托瑞士、瑞典两中立国，向中、美、英、苏发出《日本乞降照会》。11日，美国国务卿代表四国发出《对日乞降照会复文》，并于8月12日14时10分由瑞士转送东京。美国同时播出"复文"。8月14日上午10时50分，裕仁又召开御前会议，发布《终战诏书》（实际上是投降书，所谓"终战"，可谓欲盖弥彰，亦可

▲湘西会战后举行美国记者招待会，何应钦之后（左起）陈纳德、萧毅肃、冷欣和鲍静安少将。在长沙发中坐者为鲁斯夫人

见日寇之虚伪和不服之心理）。

8月14日晚11时，日本外务省又托两中立国转至中、美、英、苏四国投降电，于8月15日上午7时送达各国，两个小时后，日本开始广播"诏书"。8月15日，蒋介石以中国战区总司令、国民政府主席名义向国内外发表广播演说。以今天的眼光来看，这篇演说辞充满"以德报怨"的弦外之音，根本没有谈及日本对中国造成的巨大损失，也闭口不谈中国人民的巨大牺牲，反而一再强调什么"基督宝训"而"令我发生无限的感想"，"我中国同胞们，须知不念旧恶，及与人为善，为我民族传统，至高至实的德性"，"……如果以暴力答复敌人从前的暴行，以侮辱来答复他们从前的错误的优越感，到再冤冤相报，永无终止"，"使他们能自拓于错误与罪恶"，这种"以德报怨"、惧怕日本报复的思想，为以后受降奠定了绵软的基调。

至8月16日，日本大本营下达给各地区日本军队停止战斗行为的命令。8月19日下午7时，盟军在菲律宾首都马尼拉市政厅举行洽降会议，中、美、英、苏、澳五国受降代表参加（中国代表为国民党军委会军令部部长徐永昌上将）。

8月15日上午，蒋介石致电日军驻华最高指挥官冈村宁次大将，指示六项投降原则。原定在杭州洽降，后蒋介石又于次日致电冈村宁次，改芷江为受降地点。

为何定为芷江？芷江有何理由成为我国近代史上第一个受降之城？据1945年《时代精神》四、五、六期合刊《芷江受降记》一文所载："芷江定为受降地点，具有双层意义：一、芷江为敌衰师折众进攻未逞之重镇，今春湘西会战，为我转胜起点，芷江八载抗战率告胜利；二、芷江为新生武力核心之一，广大机场银翼相接，极为壮观，城郊新车奔驰，新装备之战士荷枪站立，一

▲1945年8月21日，日军洽降代表今井武夫等步入芷江中国陆军总部洽降

片朝气，人见此，心凛于中国实力，有所戒备。"改为芷江确为上策。无论如何，总比在杭州适宜，杭州为南京伪政权辖地，在此洽降，确系不伦不类。芷江不仅是中国陆军总司令部所在，亦有中美混合空军前进基地，并有远东盟军第二大机场，仅美军即有第14航空队，美军驻芷、驻华空军司令部，并有全副美式装备的第六军负责防务；另有驻芷军政机构220多个，官兵6万余人，美军6000余人。加上湘西会战挫败日军凶焰，震惊国内外，确合乎于理。无论何种分析，必得蒋介石首肯。那么地点确定之后，即开始确定受降主官和受降方式。

早在8月11日，蒋介石在接到《日本乞降照会》之后，即谕陆军总司令部，"授予陆军总司令新任务，办理全面受降事"（同上引，第6页）。何应钦时为中国陆军总司令、一级上将，但他又是个臭名昭著的亲日派，《何梅协定》等皆出自他之手，而且以后如南京受降、庇护战犯等种种有损国威、取媚日寇的劣迹，皆为其所为。

中国陆军总司令部（以下简称"陆总"）的成立（美国空军二级上将麦克鲁任副总司令），源于美国欧战结束后的"AIPHA"计划，即将欧洲美军主力转调于太平洋战区，并以中国为主，"陆总"的成立即为统一全部"国军"对日作战。当时总司令人选美方特别属意于主战派的陈诚，但蒋介石则坚持让何应钦出任。虽然计划未得以全面实施，日本即已解帜而降，但时任"陆总"总参谋长的萧毅肃将军后来回忆说："但陆军总司令人选之争，却对中国战后，留下了极重大不利的影响。"

当时中国军界对接受日寇投降方式争论不已，大致分为两种意见。"陆总"主张统一受降，军界另一派主张

▲1945年8月21日，萧毅肃主持中国战区日军洽降承命仪式，接见日寇洽降承命专使今井武夫少将。萧毅肃左边为中国陆军总司令部副总参谋长冷欣中将，右为在华美军作战司令部参谋长柏德诺将军

分区受降，最后呈报结果，蒋介石认为应"统一受降"。

何应钦受命之后，于8月12日即至昆明，与美军作战部司令麦克鲁（空军二级上将）初步交换日军投降之意见，即指定"陆总"总参谋长萧毅肃制订中国战区受降计划。13日，何应钦又抵重庆，参加中美最高幕僚会议，听取中美联合参谋会议对中国战区接受敌人投降计划及意见。会后，蒋介石召见何应钦，"指示部队调动及处理日军投降之要旨"，是何"要旨"迄今不得而知。笔者分析，大概不外乎"以德报怨"，甚或不准日军向中共所属部队投降事宜。另外，美国受降从未征求中国意见，所征求的也是屈辱地将香港划出让英国"受降"之类，中国在自己的国土和战区受降却要听从美国的"意见"，这岂非主次颠倒！

受降没有先例，临时抱佛脚

中国的对日受降，从"最高领袖"蒋介石到何应钦及军事幕僚们，都无一个成熟方案。除了听从美国的意见外，并无深谋远虑的通盘计划。

日本自中国元、明以来，皆是野心扩张，不可一世，从无向外国投降的先例。元代忽必烈大军渡海征伐，本来可一鼓荡平，但忽遇狂风，远征舰队遂告失败（日本一直以为天助，故自诩"神风"，二战时自杀袭击的飞机即取名"神风敢死队"）。明代讨伐倭寇，还与朝鲜王国联合远征，皆未彻底使其俯首称臣。所以造成日本这样的弹丸小国极其傲慢，尤其是甲午战争和日俄战争中战胜对手，更加不可一世。而对中国来说，自鸦片战争以来，屡屡签订城下之盟，割地赔款，更遑论受降。中国历朝皆有"献俘"的大典，但似乎也不适应抗战胜利后的对日受降。

因而，当时受命主持对日受降的中国陆军总司令何应钦、参谋长萧毅肃及少数有关人员，特别向驻华美军借来同盟国对德国受降的新闻纪录片观看，以期作为参考。但据萧毅肃将军后来回忆："从这部影片中可以看出，不管交战国双方仇恨多深，但对战败国投降代表的个人人格，仍然给予充分的尊重。除此之外，似乎无其他可以借鉴的了。"但无论哪个国家受降，似乎第一点考虑的并非"人格"问题，应该从国家振威、震慑敌国、鼓舞民心等处着想。例如苏联在战胜德国后，曾于莫斯科举行盛大阅兵式，为振国威、军威，洗雪耻辱，特意组成被俘的 5000 名德军官兵方队，让他们手持缴获的德军各军兵种军旗，待路过斯大林等党政军首脑所处检阅台下时，一声令下，德军战俘们纷纷将手中无数面

▲日本侵略军缴械投降

曾视为无上荣誉的军旗掷于地下！对德军被俘官兵，这样的"待遇"有什么"人格"可言？纯粹为人格上的污辱！

当时时间也比较紧迫，据当时统计，在华日军共 1283240 人（含在台湾日军 169031 人，驻越南日军 29815 人，尚未包含盘踞在东三省、香港日军），如不彻底将日军缴械，亦恐发生意外。而作为日本军界，许多人对投降本来就心怀不满，日本军部一直认为是美国投掷了原子弹，苏军进入东北，两面受敌才不得已"终战"！所以，8 月 14 日裕仁录制无条件投降讲话录音后，15 日凌晨，以畑中健二为首的少壮派军佐发动兵变，突入皇宫，妄图终止"终战"。这场兵变直到裕仁投降诏书播出前 1 小时以畑中健二在皇宫前的草坪上自杀身亡方宣告结束。8 月 20 日，少壮派军官仍聚众密谋企图攻占皇宫，在首相东久迩宫稔彦亲自劝说下才得以平息。另一部分好战分子则妄图拥戴明仁皇太子"登大位"以继续战争，但亦未得逞。可见，不愿"终战"始终是日本军界强硬分子的图谋。

而且，日本军部一向认为国民党政府不堪一击，曾公开叫嚣"不以国民政府为谈判对手"。原来更不把中共放在眼里，一直蔑称为"土八路"，后来才意识到，以历经千锤百炼的三万红军健儿为主的八路军，才是心腹大患，直到抗战后期才调整战略，妄图一举"剿灭"中共领导的抗日武装力量。所以，日本侵略者对投降的不甘心不服输，我们现从当年参与洽降的日方中国派遣军副

总参谋长今井武夫的纪要中就可看出日本军界的心态。日本将洽降会谈径自写成《结束战争之芷江会谈记录》，不仅双方对于阻止中共军队的"进攻""飞扬跋扈"达成默契，今井甚至无理提出若干要求，气焰仍然不减，如今井居然提出："对火炮、重机枪等类部队装备武器，另当别论。但如将个人装备的随身武器过早地予以剥夺，则作为帝国军人来说，甚至战至最后一兵一卒，对此种随身武器亦抱有极为深切的眷恋不舍之情，考虑到将来促进中日两国间友好关系，我方恳切希望贵方不要进行过早的处理。"这简直就是赤裸裸的威胁，哪里像已然宣布无条件投降的战败方？而国民党方面负责谈判的陆军总司令部副参谋长蔡文治少将居然没有予以严厉斥责，竟然绵软地表示"我方对日本军队的武士道精神虽能有所理解……尚需向上级进行请示"。

这个在 1964 年还叫嚣"最令人啼笑皆非的是，当宣告战争结束时，我竟在敌国旧都南京参加了日军投降签字仪式"的今井武夫的"记录"，可以说代表了整个日本陆、海军中好战而不甘心投降者的心声！

作为国民党政府最高领袖的蒋介石，不是考虑通过受降重振国威、鼓舞民心和震慑敌国，而是处心积虑地利用日本军队来遏制打击中共。本来蒋介石与国民党政府及陆军总部对日本投降一事就毫无准备，驻华美军即主张空运一批配备美械装备的国民党部队到南京、上海、北平、天津等各大城市，由美方提供飞机。美军后来还调动海军陆战队纷纷登陆中国的一些重要港口城市。

蒋介石排斥中共参加受降

蒋介石于 1945 年 8 月 18 日致电何应钦，特别在第九条中指示："对于非经政府指定之受降部队，如有擅自接受敌军投降，企图扰乱我受降计划者，得呈请本委员长下令惩罚之。"这是将中共领导的八路军等抗日部队排斥在外。在第十条中又规定："敌军应对本委员长所指定之部队投降，如对非指定之部队而擅自向其投降或让防，……得由陆军总司令下令以武力制裁之，并对不遵命令之敌部队长或敌军最高长官，直接予以处置。"由此可见，第十条是规定已投降的日军绝不能向中共军队投降或"让防"。何应钦致冈村宁次《中字第五号备忘录》（8 月 22 日）亦特别指出："所有驻华日军，应向蒋委员长，及本总司令所指定之受降主官投降，不得接受任何部队之要求。而贵官及所属部队，亦不应向任何其他部队接洽投降……"从 8 月 15 日重庆国民党政府正式收到日本政府投降电文至 8 月 18 日仅仅四天，蒋介石连发数份急电急催日本方面派出代表商谈受降事宜，急于将受降包揽于一己之手，将侧面战场的中共八路军及抗日武装力量排斥在外。蒋介石在电示各战区长官受降事宜中特别指出：日军"不能向我已指之军事长官以外任何人投降缴械。" 8 月 21 日又于《中字第一号备忘录》中明确规定日军"凡非蒋委员长或本总司令所指定之部队指挥官，日本陆海空军不得向其投降缴械，及接洽交出地区与交出任何物资"，"绝不能将行政机关移交非蒋委员长或本总司所指定之行政官吏或代表人员"。为了抢占日军所盘踞的各大中城市，蒋介石早在日本尚未正式投降的 8 月 11 日，即下令国民党各战区部队必须向被八路军等中共抗日武装包围的城市及交通要道"积极推进"，更责令伪军"负责维护地方治安"。随后，又于 22 日再致电何应钦"迅速行动，争取时间"，"尽可能即向指定目标挺进"。此时，蒋所统率的国民党正面战场的部队，大多位于西南，距日寇所据之华北、华东、华南等地大中城市遥远，而这些区域正是中共领导的八路军、新四军等抗日武装活跃之域。为了阻止中共部队反攻略地，蒋介石于 11 日命所部"积极推进"的同时，又电告第十八集团军朱德总司令，命其所属部队"原地驻防待命"，"不得'擅自行动'"。这个自相矛盾、无法自圆其说的命令受到了中共的拒绝。8 月 15 日，朱德总司令为此特致美、英、苏三大盟国说帖，郑重声明中共领导的解放区和抗日部队有权依据《波茨坦公告》及同盟国规定的受降办法，接受被包围的日寇投降，

▲芷江洽降主官萧毅肃在接见日军洽降承命专使前夕，与陆军总司令何应钦，陆军总部的四个方面军司令官，以及第五集团军总司令杜聿明（从左到右为王耀武、卢汉、张发奎、何应钦、汤恩伯、杜聿明、萧毅肃及美军联络官）

并要求派遣代表参加同盟国处理敌国投降事宜。但当时美、英、苏三大盟国都没有明确答复，致使蒋介石更加有恃无恐。本来成立联合国时蒋介石都不愿中共代表参加，只是由于美国提出建议，蒋才悻悻同意。

公平而论，当时中国有正面战场和侧面战场之分，都曾付出巨大牺牲阻滞了日寇妄图亡国灭种我中华的狼子野心。中共领导的抗日武装力量在敌后进行了卓绝艰苦的抗日作战，并多次配合"国军"正面战场，有效地牵制了日军的进攻步伐。至抗战末期，伪军力量大部、日军超过百分之五十部队被中共武装牵制。日本由于认识到了中共的强大，是它灭亡中国的更厉害的对手，故不断抽调主力去围剿、"扫荡"中共武装力量。

中共当时被国民党只承认是"陕甘宁边区政府"，亦只承认八路军即第十八集团军番号，新四军已在"皖南事变"中被国民党军委会"撤销番号"，中共所在区域的分区受降应由中共代表参加，或单独划分八路军受降区域，其命令第十八集团军"就地待命"，这简直令人不可理解，也完全抹杀了中共抗日武装的斗争功绩。仅中共领导的东北抗联、琼崖纵队等抗日武装的苦撑，就是中国抗战史和二战反法西斯战史的一个奇迹！诚如朱德总司令在致美、英、苏三大同盟国说帖中的慷慨陈词所云："在抗日战争胜利即将结束的时候，我们请求你们注意目前中国战场这样的事实：即在敌伪侵占而为国民党政府所放弃的广大沦陷区中，经过我们八年的苦战，夺回了近百万平方公里的土地，解放了一万万以上的人民"，"在作战中，我们至今仍抗击和包围侵华日军百分之六十九（东北四省不在内）和伪军百分之九十五"。据中共方面的正式统计：在整个抗战期间，中共领导的抗日武装，先后在华北、华中及华南等19省区，建立根据地十九个，面积达一百余万平方公里，人口约1.2亿；八路军等主力部队发展至120余万人，民兵发展至260余万人；共作战12.5万

▲ "剿共"时期的蒋介石

余次，歼灭日伪军170余万人。尽管蒋介石一直认为中共是"保存实力""游而不击"，尽管他制造了"皖南事变"，也最终停止了八路军的薪饷装备的供给，但任何人都不可能否定中共在抗战八年的重要作用。如同不能否定二战中法共、意共、希共等发挥的重要作用一样（像希共已夺取了政权）。这种不公平的做法，连参加芷江洽降的美国记者也觉得奇怪："把受降接受分成十几处，但中间没有一处有共产党军事人员，也没有划给共产党军队一个接受地区，仿佛共产党根本没有参加过抗日战争，胜利的果实应当由国民党独吞似的。"在洽降后的鸡尾酒会上，仍有记者大惑不解地追问何应钦："为什么接受人员中没一个共产党员？为什么没给共产党一个接收地区？"

除了蒋介石一贯反共的政策外，美国摇摆不定的政策也起了很大的作用。美国在初期为了自身的利益，较为重视中共，并在延安派驻美军观察员，一些美国高层人士也很了解、同情中共的实际状况。如著名的"谢韦思案件"就很能说明美国人对中共的了解（谢韦思为当年美国驻延安观察员）。再如当

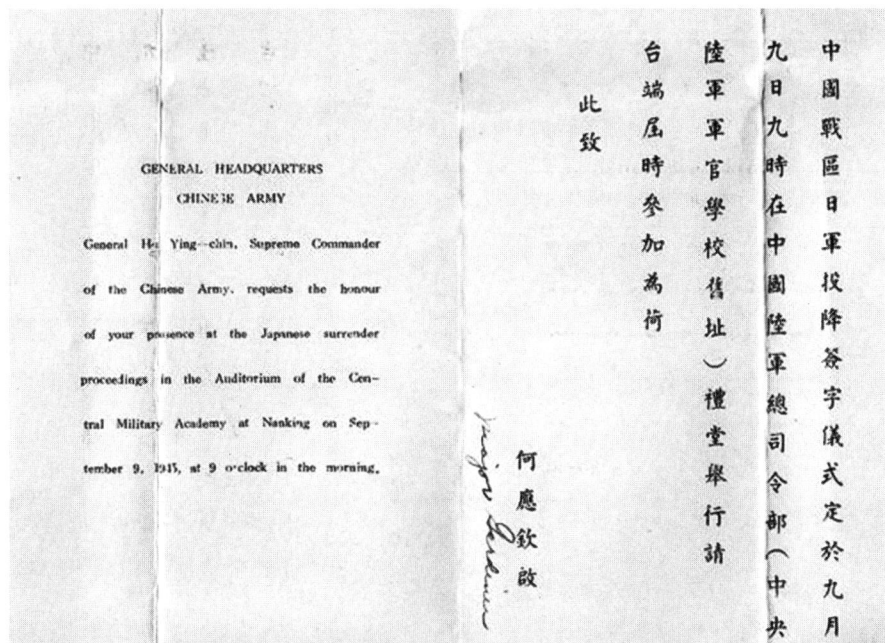

▲何应钦签发的"侵华日军南京投降仪式"请柬副本

时中国战区的美军最高负责人史迪威将军也很同情中共，一度还想按美军传统，直接将武器装备分配给八路军。这受到了蒋介石的极大抵制，双方龃龉不断，最终在蒋介石的压力下，史迪威被迫解职归国。史迪威也很佩服中共创立的地道战、地雷战、联防战这些战争史上的奇观，曾特别派遣美国观察团至中共解放区考察地道战、地雷战等中共发明的游击战法。这其中还发生了一个感人至深的故事：美军观察团团员杜伦上尉在考察期间遇日伪扫荡而钻入地道，慌忙中将照相机和外套忘在房东炕上，敌寇遂拷打房东大娘。此时，地道中一位年轻母亲怀中婴儿哭了，母亲怕敌人听见，紧紧捂住了婴儿的嘴。等到敌人走了，母亲怀中的婴儿也僵硬了……新华社记者石少华在地道中还拍摄了杜伦上尉在地道中倾听敌人动静的照片。举此小例，只不过证明一个美军上尉尚且明白，对保护他的房东大娘赞美："了不起，了不起！"这无疑也是对中共抗日军民的赞美。抗日统帅蒋委员长如何视而不见？其实他也明白，抗战中他曾多次向英勇战斗的八路军所进行的战役诸如平型关大捷、阳明堡战斗等发出过嘉奖令包括物质奖励！

当然，美国对华尤

▲八路军115师在平型关战役中缴获日军大批武器

▲国民党军队的轻机枪队

其是对中共政策的变化，也导致蒋介石的变本加厉。如芷江洽降中，美军中国战区作战司令部参谋长柏德诺少将也参加了会谈，但他在会谈中居然根本不为中国的利益提出建议，而只谈美军俘虏问题，甚至威胁如不能"提交有关俘虏的全部材料"，"美军将据此对日本军采取决定性的处理方针"。实际上，俘虏问题是小节，关键还是在迅速解决全部在华日军令其缴械投降，提供日军在华兵力分布等重要事宜。柏德诺无视中国的利益，以堂堂盟国代表参加洽降，却本末倒置。在后来的蒋介石快速抢占上海、北京、南京、武汉等部队推进的过程中，美军起了决定性作用。美军不仅将美械武器全部装备了国民党数十个师（如张灵甫的整编 74 师，连拉炮的骡马都是从美国运来的），还动用大批量架次运输机，使蒋介石的国民党军队能够迅速抢占大中城市和战略要地，以与中共相抗衡。美国在助纣为虐阻挠中国在香港接受日军受降中更起了恶劣作用！

据笔者所知，在当时日军投降过程中，只有一处日军向中共抗日武装缴械投降，那就是驻山东枣庄的日军守备部队向中共铁道游击大队缴枪而后被放行。这是唯一的一例。中共铁道游击队充分尊重日军的人格，但提出必须交出一切轻重武器、装甲车等。当日军指挥官呈上指挥刀时，我方向其赠送了一匹白马……

对日本的挑衅、抗拒噤若寒蝉

随着时间的推移，越来越多的证据表明：当年二战胜利后，美国以所谓"盟主"身份，对中国对日受降包括索赔等事宜指手画脚，甚至施加压力。当时杜鲁门政府在罗斯福逝世后，对华政策发生了质的改变。从主观上说，当时美、苏、英三大盟国都不希望中国发生内战，尤其是罗斯福，颇为厌恶蒋介石的消极抗战、积极反共政策，认为这干扰了美国整体对法西斯作战尤其是对日作战的利益，一度还曾制订详细的秘密计划，欲暗杀蒋介石。但最终考虑中国政局的稳定，才放弃这项暗杀计划，否则中国历史必将改写。斯大林也一直认为中国对日作战打得不好。杜鲁门政府执政后，不仅主导对日受降大政方针，独揽中国对日索赔（当时中国内战烽火正炽，蒋介石无暇再顾及此事）。日本投降后，美国单独占领日本（罗斯福在世时是主张中国参加对日本军事管制，蒋介石也编练了两个师拟将开赴日本），当时在美国庇护下，日本军部军需物资一部分"紧急和秘密"转为民用，这在以后成了日本当代军事工业的基础。美国不让中国索赔，自己却大肆拆卸日本的军事工业及其他工厂设备。到了后来，为扶持日本利用其反苏的需要，竟然背着国民党政府，单独主导几十个国家签订"旧金山和约"（中华人民共和国成立后曾发表声明不承认此项"和约"），美、苏、荷兰等国放弃对日赔偿（日本后来赔出22亿美元，被菲律宾、印度尼西亚等瓜分）。1952年，蒋介石与日本签订所谓"和约"，美国压迫蒋介石放弃赔偿，并以美援为诱饵迫使蒋介石就范。最终，蒋介石在对日"和约"中放弃了对日索赔。蒋介石在抗战胜利文告中态度暧昧，只谈"与人为善"，有人指出：他自己早已在文告中暗示放弃了赔偿。

在中国对日受降中，蒋介石过于听从过美国的意见（如香港受降问题，将另章谈及），自己毫无主见。而且，芷江洽降中国民党派出受降代表如冷欣等竟然有辱国格，这连当时与会的新闻记者也看不下去。

8月21日今井武夫等日本洽降代表来到芷江，气焰仍然很嚣张。据记载，今井当时非常傲慢，不仅未有投降之样，随身居然仍悬挂佩刀，当即被我方联络员大声呵斥："将你们佩戴的军刀给我，就可以下飞机了！"今井无奈之下才缴出佩刀。在他们所乘吉普车挂白旗绕场一周时，在围观群众响彻云霄的"审判日本战犯"的口号声中，今井才面有土色。日本向美国投降后，也曾向美国示威，如日军参谋长梅津美治郎拒绝参加洽降。日方洽降代表、梅津的副手河边虎四郎还抗议美军登陆日本。但

▲侵华日军总司令冈村宁次派出的今井武夫一行四人在湖南芷江向中国军队洽降

麦克阿瑟不为所动，曾拒绝接见日方代表，并坚持登陆。在"密苏里号"舰上的受降仪式上，任由外相重光葵一瘸一拐登上漫长的舷梯（重光葵曾在上海被刺，失去左腿安上了假肢）。麦克阿瑟的口吻据记载也很严厉，甚至并未让重光葵坐下，直接让他签字，并未像中国受降洽谈那样温情脉脉，尤其何应钦还向投降代表示"感谢"，还在南京受降仪式上接受日方代表呈递降书时，起立鞠躬一般接过，就连美方参加洽降代表也看不下去。所以，投降是没有人格可言的，就是一种威慑和羞辱。日方参加"密苏里"号受降仪式的代表团成员加濑俊一后来回忆说："我们等待了几分钟，就像忏悔的学童，在众目睽睽之下等候可怕的校长的到来。……我觉得百万双眼睛就像带火的箭一样射向我们，钻进我们的身体，使我们感到浑身疼痛。"而在中国投降参加仪式的诸如冈村宁次、今井武夫之流，在他们的回忆录里有如此切肤之痛的感受吗。？

　　21日下午会谈时，主官萧毅肃将何应饮的一份备忘录交与今井，其中主要是关于日军投降及国民党军事长官受降地点的详细规定。在递交时，萧毅肃特别强调要日军保管各地武器及财产，不得交与没有接收权限的军队与团体，否则唯日军是问。但当时在场的日方译员木村居然未将此话详译，当即引起我方译员的抗议。日方译员被迫重译后，今井竟猖狂答复："日军的精锐武器都在'满洲国'，在中国华南、华东、华中、华北的武器都是陈旧的了！"

这哪像战败投降者的口吻呢？萧毅肃并未严斥，只是解释："希望冈村将军配合我方"。今井继续挑衅："本文件中有显然难以执行之处，希望在此陈述意见。"萧也只是回答："有困难，皆待以后再进行联系。"可见日方之气焰和

▲日军投降代表今井武夫洽谈投降事宜

33

我方之软弱。在会谈中，受降官之一的冷欣中将，以堂堂国军高级将领，竟然毫无威肃矜持之感，在事关国家威仪的洽降会谈中"时而屈膝而坐，身体晃动不已，人又瘦小，简直有一点像一只猴子。新闻记者们都认为他有失国格"。至 23 日下午，何应钦接见今井武夫，居然对这些战败者"不辞辛苦远道而来芷江，表示慰问"。今井武夫多年之后仍念念不忘，在他的回忆录中也特别提及。这简直是岂有此理！战胜国的洽降代表、堂堂中国陆军总司令、一级上将居然向仇寇表示"慰问"，可见其媚日心态，有辱国威国格，真是令人痛心疾首！另外，今井认为，中国方面蔡文治少将与他的洽降会谈，"始终以武士道的态度相接待，与其说他们是对待敌国败将，不如说好像是对待朋友一样。特别是钮先铭少将，他的言行甚至流露出要警惕不使引起败军使节的负辱自杀。"今井在回忆录中说："谁知敌国军人却出乎意料地对我们满怀友怜之爱，此时此地更加深了我们的感激之情。"芷江会谈中，国民党方面为不使日方尴尬，竟然将我方工作人员军衔都降了两三级。

最令人不齿的是，代表中国政府参加洽降的堂堂陆军副总长冷欣，后来在南京先遣接受受降的工作中，更是丑态百出，给战胜国中国丢尽了脸，连日本人也觉得好笑和奇怪，他的丑态将在"南京受降"一节中谈及。

在芷江洽降中，今井一直在挑衅。当年下飞机后，今井先入招待室用午餐，在休息时，有记者进入采访，问今井来芷江有何感受？今井回答："我是代表冈村宁次前来向中国军方呈递投降文件的。在抵达机场上空时看到的人群中，美国人超过中国人。"当时在芷江参与洽降工作的中国派遣军方第四方面军中将参谋长邱维达、中国陆军总部第四处处长刘措宜，后来在回忆文章中认为："此话用意含蓄，日本虽然战败，他仍有不服输之意。"最令人感到有失国体的还不是陆总副参谋长冷欣的像猴子一样的扭动，而是主官萧毅肃的"失体"。21 日下午，我方受降官在正式会场接见今井武夫等三人时，今井和参谋长向我方代表敬礼，萧虽然并未答礼，却让其坐下。尤其是在令今井呈出降书时，今井却傲然回答："我无法呈出降书。只有冈村宁次本人才能代表日本政府呈出降书，我是冈村宁次的代表，是前来送呈有关驻华日军情况的文件和接受指示的，所以我没有降书可呈。"这明显是个"软钉子"，"使我方主官萧毅肃面上有些尴尬"。但萧毅肃居然没有严厉呵斥今井的傲慢，反而岔开话头，让今井"呈出"日军分布图、人员武器表等，即令退席。"事后有人对萧毅肃的失体，颇有责言。"但在《萧毅肃上将轶事》中，萧毅肃自己并没有特别说明，只是子女述及"甚至有说先父与今井武夫达成四项协议，以及日方代表受邀参加酒会等等，均与事实不符"。回忆录附录了当时参加洽降仪式的记者易君左的文章《芷江受降日目击记——江山爱素描》，与上述现场情况略有不同。易氏认为"日本代表""带着矜持"，现场有些混乱，"最突出的是主持会议"的萧毅肃和美国代表"响亮的笑声"。萧毅肃的第一句话是："现在首先请贵官说明身份，并且递出身份证明书。"无论呈递何种"降书"或"身份证明书"，首先是不应该称"贵官"的，这先是一种自降身份，投降者还有什么"贵"可言吗？

今井则回答："鄙人只代表冈村宁次将军做联络工作，没有权力做决定，也没有权力在任何文件上签字，这一点是要声明的"，"日本政府依照天皇的圣断，接受了联合国波茨坦的文书，已经派代表到马尼拉向联合国最高统帅表明进行军事行动的停止，但是我们驻华派遣军方面，则由鄙人代表与中国方面最高统帅蒋委员长的代表见面，执行停战协定。"今井的口气哪里像乞降？连记者也注意到了："他很仔细地用'停战'代替'投降'，从头到尾，他一直没有说过'投降'两个字眼。"但是在场的萧毅肃、冷欣及美国代表没有一个人严肃地指出来。只是今井不顾战败者的身份要抢先发言，被美国代表立即制止。萧毅肃再次称呼"贵官"，让今井交出身份证明书。今井没有带，这是一种明显的蔑视。投降代表无身份证明，视战胜方为何物？难怪萧毅肃自己也承认："在若干记述中，竟误把今井武夫等后来两天的'备询'说成'谈判'。"显而易见，今井武夫的傲慢语言根本不像一个战败者！

更令人气愤的是，今井武夫带来一份冈村宁次给何应钦的复文，今天来看，即使日本战败了，对蒋介石欲利用驻华日军进行反共的要求，亦非无条件接受，仍在讨价还价。冈村宁次在给陆军总部的复文中强调：为了防止中共军队接收，日军仍须保持战斗状态，因之势必影响缴械的准备

▲何应钦

工作，冈村因此要求可否缴械期限从缓。何应钦原备忘录要求日军武器装备等及占领地区不得落入和让防于中共军队。日军应按 16 个受降区规定，缴械遣俘，如有共军的军事行动，须受受降长官指挥共同击退共军等等。而冈村的复文明显有异议和抗拒。大伤脑筋的何应钦曾召集中美高级军官讨论，美国代表麦克鲁非常明确地指出："冈村是变相抗拒缴械，我们不能迁就他。"当时收件人是冷欣，何应钦只说："这种无理取闹的文件，冷欣为什么接受，真是糊涂。"萧毅肃主张："将文件封好原件退回。"但何应钦经电话请示蒋介石，最终未退回，也未斥责，只将第一次备忘录基本又重发一次。这简直令人啼笑皆非，堂堂受降方竟连对战败方的变相抗拒缴械都不敢置一辞，岂非滑天下之大稽？何应钦与冈村宁次的勾结有人认为是从南京受降前开始的。7 月 5 日，何应钦至南京，冈村宁次特意书面请示要到机场迎接，美军代表包特纳少将反对，他认为："不能叫日本人参加欢迎行列，因为他们属敌人阵容，让他参加，有失体统。"但何应钦不顾美国代表的反对，仍电准冈村率 5 个日本军官"另站一个地点迎接"。笔者认为，自《何梅协定》签订之日起，何应钦已成为一个不折不扣的亲日派，他在芷江的所作所为，使每一个中国人感到羞耻！

居然让美、英军队在中国受降

芷江洽降虽然不尽如人意，但最重要的一点还算让日寇交出了全国驻军兵力、武器配备一览图册，并最终确定了 16 个受降区域。而且，毕竟有所宣威，日本代表今井武夫虽然不服气，表面傲慢，内心还是有所忌惮。比如他在回忆录中感叹，作为降使的芷江一行"沉痛地陷入伤感之中"。北平记者陈应庄在《回忆在芷江接待今井武夫》文中也有所记载。又如今井武夫乘坐满是弹痕的冈村宁次座机飞临芷江，当看到监视引航速度很快的美国飞机时，不禁"惊叹中美空军实力之雄厚"，伤感地想起 1062 年日本内战中的降将安倍贞任的绝望诗句："饱经岁月苦，线朽香横斜。且顾残衣甲，褴褛难掩遮。"而内心充满"绝望孤寂感和不安的心情"。今井大概不会作汉诗或俳句，否则，他会给我们留下一个战败的顽固的日本军国主义分子的内心写照！

另外，据记者对当时今井的谈话描述：今井武夫午餐时，接受北平记者陈应庄谈话，曾感叹："命运，这是命运，日本再复兴要三十年。"当今井武夫发现飞机驾驶员杜原喜八感触"中机雾天、晚上都能飞行，而日机性能差，投降红布标志被撕碎而羞耻"很少进食，今井又叹息说："作为战败国使节，等于铐着双手来中国投降！"

由此可见，今井之流不管如何不甘心失败，不服输，表面傲矜，百般曲意狡辩暗里抗拒，甚至不肯说出"战败"或"投降"字眼，但他最终不得不承认是"降使"，是"铐着双手来中国投降"。芷江也因而成为中国人在近代史上第一个扬眉吐气之地。

芷江洽降的另一个成果是确定了中国战区各区域受降主官和地点，并规定了日本代表投降部队队长姓名、投降部队集中地点、投降部队番号等，确保受降有序进行，而且也未节外生枝。固然，蒋介石所同意的分区受降是为了排斥中共，一家垄断。国民党方面一直考虑要到敌后解除日军武器并接收敌占区是难事，因而，萧毅肃在策划全面对日受降时，提出：国军尚未确实控制的地域和大中城市，若只在形式上举行受降仪式，而实质无军队去占领，日军武装将没有力量去解除。因而需先在南京举行"中国战区受降签字典礼"并解除日军武装，再一并进行接收工作。这个被蒋介石等认为是"上策"的计划，核心就是排斥中共部队就地受降，而由国民党一手独家垄断。据此，全国各受降区域也是先由国民党军武力控制，再举行受降仪式。

我们看当时确定的受降区域，就可以看出国民党已囊括除东北以外的广大区域：

1. 越南北纬16度以北地区由第一方面军司令官卢汉主持受降。

2. 广州、香港、雷州半岛、海南岛区域由第二

▲在日军洽降仪式上，萧毅肃（左二）翻阅日军在华兵力布置图

方面军司令官张发奎主持受降。

　3. 曲江、潮汕等区域由第七战区长官余汉谋主持受降。

　4. 长沙、衡阳区域由第四方面军司令官王耀武主持受降。

　5. 南昌、九江区域由第九方面军司令官薛岳主持受降。

　6. 南京、上海由第三方面军司令官汤恩伯主持受降。

　7. 嘉兴、杭州、金华区域由第三战区长官顾祝同主持受降。

　8. 武汉、沙市、宜昌地区由第六战区长官孙蔚如主持受降。

　9. 徐州、安庆、蚌埠、海州等由第十战区长官李品仙主持受降。

　10. 天津、北平、石家庄、保定等由第十一战区长官孙连仲主持受降。

　11. 青岛、德州、济南由第十一战区副长官李延年主持受降。

　12. 洛阳区域由第一战区长官胡宗南主持受降。

　13. 郑州、开封、新乡、南阳、襄阳、樊城由第五战区长官刘峙主持受降。

　14. 山西省由第二战区长官阎锡山主持受降。

　15. 察哈尔、绥远、热河三省由第十二战区长官傅作义主持受降。

　16. 台湾地区由国民党新任命的台湾行政长官陈仪主持受降。

　　总的来看，除香港后来因英美勾结，逼迫蒋介石将主持受降让给英国海军少将哈考脱（Ruan Admiar）（为了给蒋介石面子，名义上说成是受中国战区统帅蒋介石委托），堂堂中国只派出了潘国华将军作为观察员参加受降仪式。越南受降屡受法国殖民当局骚扰，最后卢汉下令将法军舰队予以击退外，基本没有出大的问题，但仍给人以仓促、混乱之感，这一点连蒋介石的嫡系将领们也看不过去。

　　抗战胜利举行受降仪式后，后来投向中共阵营的韩练成（时任国民政府中将、总统府参军）、郭汝瑰（时任陆军总司令部参谋长），在北平与北平行营参谋长吕文贞谈起北平受降，大为不满。由于国民党的仓促，竟在北平举行两次受降仪式。第一次于北平接受日军投降，由吕文贞接受降书。但第十一战区受降主官孙连仲移节北平后，竟又在故宫太庙重新举行了一次名为正式的受降。其实，要说到人格，这才是不尊重战败者的人格。古今中外，恕笔者孤陋寡闻，尚未听说战败国还要举行两次投降仪式。这也说明国民党政府心不在焉，目的根本不是为了振国威、励民心，只图威风，不顾国家礼仪。吕文贞将军还感慨于自己的经历：在中国分区受降命令上根本没有明文规定的美军，竟公然在中国国土举行受降仪式。在塘沽，由美军第三两栖兵团司令洛基少将接受日军一一八师团司令内田银之助中将受降。这真是令人不敢想象，也由此可见国民党政府媚洋卑膝的心态，完全不顾中国人民的感情。这连他的嫡系将领们也深为不满！联想起东三省日军向苏军投降、香港日军向美军投降，韩陈成感慨不已："打跑了日本鬼子，中国仍有国土被洋人占着……"

蒋介石要依靠美军运兵抢占地盘，要依靠美国支持打内战，他怎么可能挺直腰杆？不过，在日本战败者看来，美国人虽然不顾中国利益，在受降事宜上指手画脚，但在对战败者的态度上，却比中国人理直气壮得多。如今井武夫后来回忆：美国谈判代表在对日本的洽降会谈中，"言行完全是事务性的，毫无感情可言，与中国方面对照，印象尤其深刻"。不过，今井也意识到：美国根本不关心中国的国家利益，"所关心的，集中在俘虏一点上"。另外，原来香港是划分给第二方面军司令官张发奎主持受降的。8月23日芷江洽谈后，何应钦召集主官会议，征询意见。张发奎即向何应钦指出："香港是规定由我主持受降的，如英国人不放手，要干涉或捣乱的话，我们怎么办？"当时所有人的视线都集中在何应钦身上，看他如何答复。只见何应钦眨了几下眼睛，闭口不言。张发奎又说："只要总长有命令，英国人敢动，我就揍他。"但何应钦却"左顾右盼把话头调了方向"。由此可见，从清末那拉氏、北洋军阀媚外屈膝的传统在何应钦身上有着一脉相承的体现。当时有关受降部队确实做好了两个军的战斗部署，一旦命令下达，即可开进香港。其实，莫说用美式装备的两个军，据当时天时、地利、人和之便，中共东江纵队接收香港也是毫不费力的，但终因在英、美勾

▲美军人员在进入受降会场前签到

结和重重压力下，蒋介石不得不受其辱，同意仍由当时放弃香港的英国殖民当局，又回到中国的土地上不知羞耻地主持受降仪式！中国的资格只是不值一文的所谓"中国战区统帅委托"和一个军事观察员出席仪式！

在中国受降问题上不尽如人意，包括对日索赔分文未得，美、英两国是负有极大责任的！苏联在对待中国受降的问题上更是傲慢无礼，根本无视中国主权和民众情感，也根本不邀请中国代表，加上劫掠中国东北工厂设备物资，杀人强奸，岂能是一个"忏悔"两字就可以了得的！

如果芷江只是洽降，如同菲律宾马尼拉盟军对日洽降（中国作为同盟国也派出徐永昌上将参加）属非正式受降，那么在国民党政府在南京举行的国家对日受降仪式上，更是不如人意，国体、国威受损，而且堂堂受降官丑态百出，何应钦等对日本战犯的亲善态度更受到质疑和谴责。

中国抗战胜利的受降大典最终选择在南京举行，而非抗战中作为国民政府临时首都的陪都重庆。重庆在抗战中曾作为国民政府的临时首都，但南京是辛亥革命后建立的中华民国的首都，一直到抗战前南京沦陷，这个六朝古都一直是中华民国的首都（北洋军阀时期袁世凯强行改都于北京），也一直是沦陷前国民政府的抗战中枢所在地。另外，日本侵华后于 1937 年 12 月 13 日攻占南京，惨无人道地制造了南京大屠杀血案，使 30 万中国军民（国民党士兵已放下武器被俘，仍被日寇以各种手段惨杀）成为冤魂。南京作为中华民国的首都，人员伤亡最多，被日寇蹂躏也最为惨重。国民党政府在抗战胜利后也已决定还都南京，因而，在此受降具有极其重要的意义。

受降典礼国威不振，一再出丑

蒋介石在考虑受降事宜时，根本未从受降仪式振奋民心、大树国威出发，而是一味讲风水。比如，他亲自定下的受降时辰是 9 月 9 日上午 9 时，中国封建时代即以崇尚"九"为天地之数，蒋介石最迷信风水，把精力花在日期这些琐碎细事上，而不是考虑民族、国家利益大事。比如受降主官，居然选中何应钦，这让对何应钦稍微有些了解的人都不免心生疑虑：怎能选定一个不折不扣的亲日派来主持对日受降的国家大典呢？从避嫌角度看，也实在不应选定何应钦做受降主官!

何应钦早年留学日本士官学校,不仅与同为日本士官学校毕业的冈村宁次为校友,而且二人私交颇深。日本发动侵华战争后,何应钦不仅极为赞同蒋介石"攘外必先安内"的"大计",而且有过之而无不及。西安事变后尤想发动"讨伐"张杨的内战,与日本一唱一和,其用心极其险恶。试想,假若"讨伐"一开,蒋即使不死于何应钦的炮火之下(何拟动用空军轰炸西安),也必被愤怒的东北军、西北军少壮军人所杀;何应钦若由此取代蒋的地位,以他亲日的态度,中国的存亡真是不堪设想!

何应钦代表蒋介石与日寇妥协,参加签订臭名昭著的《何梅协定》等,早已被钉在历史的耻辱柱上,这样一个不折不扣的亲日派,怎么能去主持庄重的对日受降大典!?不过,有一种分析认为,蒋介石让何应钦主持受降,就是替他着想,以此来洗刷他历史上的亲日派形象。但污点毕竟存在,无论怎样洗刷也不可能彻底洗去。何况他在对日受降中确实有辱国格,立场有大问题。人们的担忧不无道理。

也有一种分析认为,任命何应钦主持受降大典是考虑到他的资历。何应钦在20世纪20年代就是黄埔军校军事总教官。1930年到1944年一直任国民党军政部长,后任参谋总长、陆军总司令,一级上将。日寇投降总代表、日本中国派遣军司令官冈村宁次军衔是大将。蒋介石是中国战区最高统帅、国民政府军事委员长,特级上将,如主持受降则降级失尊;而何应钦的职务、军阶恰与冈村宁次相等,故而蒋不得不让他去主持受降。其实,对投降者来说,不存在尊严之说。即便二级上将主持,日本还因此不投降吗?其实要说对等,日本天皇作为头号战犯(在美国庇护下他逃脱了历史的审判)应该出席受降仪式,按中国的传统,战败时被俘的对方领袖人物是应该"伏阙"请罪听候处置的。

综上所述,恐怕有意让何应钦在国人面前洗刷亲日派的污点还是符合分析的。但由此带来的后果是在受降前后一再有辱国格、大损国威。芷江洽降的日寇代表今井武夫在回忆录中曾写道:"我深深地感激中国军人对我们战败军使节那种令人怀念的态度。"那么这种令日本投降代表"怀念"的态度究竟是一种怎样的态度呢?

何应钦被任命为接收日军、主持受降的全面工作后,立即电召毕业于日

▲受降现场

本陆军大学的徐祖贻中将和日本陆军士官学校的曹大中少将参加受降工作。此二人亦为何应钦的心腹，"因任务特殊，是暗地由蒋介石授意而行的"，"以建立中国军与日军今后的新关系为目的，决定派徐、曹两人同往，以便同日本方面进行联系"。但今井认为陆军参谋总长、芷江洽降主官萧毅肃"不了解其中真意"，未让徐、曹二人与日方会见。另外，亲日派占据受降工作多数，其倾向性可想而知。据今井回忆：8 月 20 日，何应钦、萧毅肃、徐祖贻、曹大中四人会谈，商谈接收日军准备事宜。萧毅肃提出，应命令日本在南京、北平等地按国民政府指名的伪政权要犯全部加以逮捕。这无疑是防止在接收前要犯们逃跑的一项措施，亦无不可。但其他三个亲日派全部"不赞成"。所以今井在回忆录中庆幸"日军才免除对亲日政府要人的背信行动"。

连今井都看出来了："因为有以上的经过情形，我们可以推想到：特别是日本留学生出身的人，对于芷江会谈的顺利结束，会更加感到高兴。同时也能觉察到蒋介石和何应钦就战后中、日两国的互助合作问题，都有过深谋远虑。"

对中国而言，由亲日派主持受降，必将有失国威，也必将有利于日本战犯的逃脱。果然不幸而言中。

受降官冷欣乞求投降者的"保护"

8 月 22 日，受降官之一的中国陆军副总参谋长冷欣中将（就是在芷江洽谈中坐着不断扭动被记者们认为是"有失国格"的中方代表）和美军巴特勒准将与今井武夫，就以下三个问题洽谈：一、保证中国先赴南京前进指挥所及冷欣本人的安全。二、对中国俘虏提交名册，严加保管军需物资及仓库等。三、美军所关注的美军俘虏现状、待遇等项。今井武夫尤对冷欣提出的第一项"感觉奇怪"，冷欣因要"亲自进驻南京而要求日军以誓约文书保证其安全"，今井"以为以一位战胜国的高级将校竟然向战败国使节要求保证安全，既无意义又不自然，总觉得未免有些滑稽之感"，今井竟然不客气地反驳冷欣："这种文件不但没有价值，而且没有必要，日军恭候阁下光临！"并"竭力所言解释，使他安心"，堂堂中国受降官如此卑躬乞求战败者的保护，其丑态真是令人义愤填膺。有其主必有其仆，亲日媚日在亲日派看来是天经地义的！

更有甚者，冷欣居然"依然反复要求说：'作为外交手续，无论如何希望提出一个书面保证'。"最后，今井无奈之下只好答应回到南京后用无线电代替书面保证，冷欣才不再纠缠。今井后来在回忆录中分析冷欣丑行的心理说："关于这件事我认为，中国军对于迄今当时为止夸耀不败的日本军，觉得并非凭自己的力量战胜，而是依靠盟军在其他战场胜利的压力，才名列战胜国之一，因而他们自己并没有战胜的实感，对日军畏惧心理尚未消除。不仅如此，给我的印象是，作为军人（指冷欣——笔者注）在战场上有这类言行，总觉得有些不恰当。"平心而论，今井的评论并非一味傲慢。日本投降副使的评论，冷欣若看到该有何感想呢？不感到羞耻惭愧吗？冷欣在晚年曾出版《冷欣回忆录》，我略读节选，似乎他没有谈及从芷江到南京，连日本投降者也感到"奇怪""不恰当"的言行。亦不知他是否看过《今井武夫回忆录》，夫若披阅，宁不羞愧乎？最令人愤慨的是，冷欣的媚日之态不仅令舆论大哗，连他的部下都看不过去。据随冷欣参加南京前进指挥所的陆军总部第三处主任参谋张汶杰上校后来回忆：冷欣到达南京第三天，原本拒不参拜的冈村宁次迫于压力，不得不来拜会冷欣。"在整个晤谈过程中，从冷欣态度上看不出一点战胜国的气概，从冈村宁次身上更看不到战败投降者的意味，两人并坐在长沙发椅上……与冷欣叙旧"。据张汶杰回忆：竟然谈的是两人曾经"在日本什么地方一别"。冈村对冷欣大放厥词云："此次奉天皇之命，我们两国恢复和平，希望能恢复以前的友好，今后我们日本只有在中国扶掖下才能得到生存……"，"愿意竭诚接受何应钦阁下的任何驱使"，日军仍留在中国，他愿率领为中国的"剿共""统一"而效死。冷欣居然"表示很高兴"，他大概忘了，中国岂是"恢复和平"，当时未曾举行受降仪式，理论上说中日两军仍处于战争状态，日寇仍是不共戴天的仇人，日本天皇也不是什么"恢复和平"，而是被迫颁布无条件投降诏书！冷欣不仅未加严厉驳斥，反而第二天恬不知耻地去回拜冈村，并在归来之后嘱咐部下"向日军接洽任何事情，态度上应该客气些"，这简直颠倒了受降者与投降者的地位，哪里还有一点战胜国受降官的影子！？

但没有不透风的墙，冷欣于9月中旬赴渝向蒋介石汇报时，各方即议论纷纷，重庆舆论亦有所揭露。蒋介石斥责他此事做得不机密（并未斥责他辱节），冷欣虽后被冷落闲置，但他仍在与冈村、今井等人秘密联系，并在如何留用冈村、今井、小笠原，如何逃脱惩罚"留用"一事上多方奔走。由此看来，对日受降中对日本战犯的庇护不仅是冷欣、何应钦等人，溯源而上恐怕还要问责于"最高领袖"！

冷欣在南京不思受降大事，对贪污劫收伪产却万分积极，据张汶杰回忆："指挥所进驻南京共只13天时间（8月21日至9月3日），与日军联络的事情并不多，而个人的劫收，却是不分昼夜，十分忙碌！"读至此，不禁扼腕长叹，如果媚日之人只顾个人贪财，国家利益必然置诸脑后！国家威仪必然不屑一顾！

蒋虽然厌恶冷欣的贪污，但因为他坚决反共，"体谅领袖苦心"，蒋最终以他爱用奴才的思路，并未处罚这个有辱使命的"受降官"！

▲芷江洽降时的日军降使今井武夫和中国受降代表冷欣

相反，同时参加谈判的美军准将巴特勒却是堂堂正正、大义凛然，在会谈中"愤慨地说，对美国俘虏如有不法待遇，必采取严厉报复措施"。以至于今井在多年后回忆时还在抱怨美军代表"毫无感情可言，与中国方面对照，印象特别深刻"。巴特勒不过是准将，而冷欣却是中国陆军副总参谋长、受降副主官、中将，军衔、职务都比巴特勒高，但对投降敌国的代表态度却迥然有别。如果冷欣真的以国家民族利益为重而大义凛然，今井的回忆录中的这一章就要有新感觉了。受降的中国高级将官们，无论是受到投降者的嘲笑还是赞美，不仅是个人的耻辱，而且国威必然大打折扣！

实事求是地说，参与受降的美军代表们，虽然只考虑美国的根本利益，并不太关心中国人民和国家的根本利益和感情，只会搞双重标准，但在大节上和对敌国投降代表的态度上，却比中国亲日派受降代表有正义感，并不惭形秽徒降战胜国身份。

何应钦一再出丑：让敌寇去机场欢迎，用圆桌照顾投降者

9月3日，何应钦来南京主持受降。何应钦却先通知陆军参谋总长萧毅肃中将，让他先到南京召集随员商议欢迎办法，冈村宁次还书面请求，甚至要去机场欢迎何应钦。这已然不像去解帜而降了，投降代表有什么资格去机场欢迎受降者呢？在中美双方研究时，美军方面的包特纳少将表示反对："不能叫日本人参加欢迎行列，因为他们属于敌人阵容，让他们参加，有失体统。"但何应钦仍然批准冈村宁次率5名日军高级将官，在另一地点参加迎接仪式。后来，冈村宁次、小村浅一郎、今井武夫等日军高级将官在机场分成一列，还举手敬礼。真是滑稽之至！

另外，还发生了"圆桌"问题。在中美会谈研究受降会场布置时，何应钦居然提出"圆桌方案"，即投降者和受降者围在一个圆桌上举行仪式。这简直是有辱国威！稍有外交常识的人都明白，英国骑士发明的圆桌会议，本身就具有平等之意，何应钦包藏祸心，存心让中国贻笑于万邦！所幸，参加会谈的美军将领大为惊诧，坚决反对。何不得已改为日本投降桌对中国受降桌。这种对日本投降者的百般照顾，真是体现了亲日派的一片温情！我们不妨仍引据今

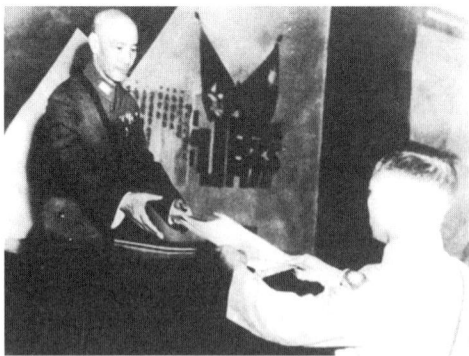

▲1945年9月10日晨，中国陆军总部副参谋长冷欣中将向蒋介石呈递签降情况

井武夫的回忆，以见亲日派大损国威的媚态："为使日方代表不觉得有威胁性的压迫感，中国方面本来特意采用圆桌会议的形式布置的，但临开会前，想不到美军插手干涉，急忙改成长方桌面对面的对谈方式。日本留学生出身（指亲日派中国受降代表——笔者注）的人们对此表示不满，以美国人不理解东洋道义而表示愤慨。"看，媚日有辱国格的亲日派们还因此"不满"，岂止不满，居然还向日本投降代表献媚。请看《今井武夫回忆录》的记载："他们告诉我们说，在会谈结束后，他们为我们顺利地完成任务而高兴，认为我们尽管是战败军的使节，并未曾有损于他们曾经留过学的国度的日本军人的体面，他们本身也觉得光彩，并互相拥抱流泪呢。"这种"高兴""体面""互相拥抱流泪"的丑态，在美、苏、英等盟国受降仪式上均未出现过！我们今天读来，会觉得是何等丑恶、卑贱！把中国人的脸面和国威丧失殆尽！倘若不是美方干涉，双方坐在圆桌上相谈甚欢，还有意义举行受降大典吗？而且，即便改成长桌对长桌，我们从当年照片来看，仍然含有平等之义，并未体现出战胜国居高临下的威仪。

今井武夫之流当然是感激涕零了，连他也未想到中国受降代表竟如此表演，予谓不信，仍请看今井的回忆录："我们在战败后，立即出使到敌军阵营中去，尽管我们做好了精神准备，认为蒙受战败的屈辱是理所当然的，在某种场合，会有生命危险也是迫不得已的。谁知敌国军人却出乎意料地对我们满怀友邻之爱，此时此地更加深了我们感激之情。"可惜，今井所预想的"理所当然"的"屈辱"并未发生，屈辱留给了中国！

如果说上述只是受降大典前的屈辱和有损国格，更大的屈辱却发生在受降大典之中。

何应钦包庇冈村未让其上缴军刀，在典礼上居然向投降者欠身还礼

众所周知，日本与德国虽同属轴心国同盟国，却保留了浓厚的军国主义传统。各级军官均佩指挥刀，依军阶不同，质地、装饰均等级分明。日本军人崇尚武士道精神，视军刀为生命，从不离身。军官在剖腹自杀时，依级别用军刀使用不同刀法自裁，直至死去才不再使用军刀。所以，日本军人宁可战场上战死或自杀，也不会交出军刀；交出军刀即被视为投降，是日本军人的极大耻辱。军人交出武器，已然是宣告失败，亦即投降的第一标志。作为日本军人，交出视为武士道之魂的军刀，更是宣告彻底投降的标志。

本来，中国战区为振国威，特规定在日本投降代表正式签字时解除其所佩军刀，分别将日本侵华最高级别的中国派遣军司令官冈村宁次大将，中国派遣军总参谋长小林浅三郎中将、副参谋长今井武夫少将的佩刀，分别献给中国受降的最高军阶受降官：中国陆军总司令、一级上将何应钦，陆军总司令部参谋总长萧毅肃中将和副参谋长冷欣中将，以示代表在华120万日军交出武器解帜投降。我们今天看到当时全国各地受降仪式的历史照片，都有日军投降代表低头献交军刀的形象。尤其北平受降区，在故宫太和殿甬道旁，日军各级指挥官鱼贯列队，依次低头将军刀放置桌上。而唯独国家受降大典，竟然没有了投降者缴出军刀的仪式！是谁胆敢篡改受降最引人注目的，也最能代表日寇投降行为的缴刀仪式呢？

我们今天究其内幕，竟然是何应钦擅自篡改原有之规定！在受降仪式前，中国陆军总司令部曾以《中字第17号备忘录》送达冈村宁次："根据盟军最高统帅麦克阿瑟将军规定：一、日军缴械时，不举行收缴

▲受降现场

47

武器之仪式。二、日军代表于正式投降时，不得佩戴军刀。三、凡日军所有军刀，均应与其他武器一律收缴，一俟正式投降，日军即不能再佩戴军刀。以上规定，在中国战区一律适用。"冈村宁次居然有恃无恐，胆敢违反无条件投降的规定，一再要求中方提示签字时出示证明文件应明确的事项，并要求事先了解降书内容。这些本绝对不应泄露给投降国代表的内容，却经何应钦同意，将日军投降书内容及日军投降签字后中国战区最高统帅蒋介石签发的第一号命令等抄件，由冷欣派人于9月8日晚秘密送给冈村宁次阅读。亲日派们明白这些鬼崇见不得天日，故与冈村约法三章：一、不许抄录。二、不准提修改意见。三、不得于签字前宣扬，阅后迅速取回。这样的泄密使冈村有所准备。据今井武夫回忆，在9月9日赴受降会场时，冈村等人"预先在车里把佩刀摘掉，留在车内，解除武装，并把军帽拿在手中，走进会场"。这样，日寇酋首们不仅不用缴上军刀，还可以不用脱帽谢罪。真是绞尽脑汁和心机表达不甘失败的行为！而这正是何应钦的泄密和曲护，才使日寇酋首有恃无恐得以周密准备！

另有史料揭露，日本投降代表之所以可以避免缴上军刀，完全是何应钦有意安排。在仪式前，何应钦派其参谋王武上校秘密到冈村宁次官邸，特意叮咛：如参加投降仪式可佩戴指挥刀（这已违反备忘录之规定），但必须在典礼上将指挥刀献缴何应钦。亦可不佩刀，佩与不佩均可由冈村自定。有此嘱托，冈村当然选择不佩刀，避免受辱。

无论何种说法，都证明何应钦与日本战犯沆瀣一气，百般庇护冈村等人。据记录，受降大典速度很快，从8时58分日本投降代表进入会场，到完成递呈证明文件、于降书上签字等程序，仅用20分钟。这或许也可见何应钦之用心，尽快结束使日本降使尴尬的场面！最令人不解的是，中国受降席上何应钦及海军上将陈绍宽、陆军上将顾祝同等端坐，冈村宁次等在中国军训部次长王俊中将引导下至规定位置，以立正姿势面向受降席居中端坐的何应钦，行15度之鞠躬（因冈村等人事先脱去军帽，故无须行军礼），何应钦忽然欠身作答，命冈村等坐下。这一点，今井武夫也注意到了："何应钦像是要站起来似的欠了欠身子还礼"（同上，第239页），本来何应钦无须还礼，但亲日派习惯了媚日，恐怕是习惯使然。尤引起舆论大哗的是，在日本投降代表、中国派遣军总参谋长小林浅三郎递交降书时，何应饮居然欠身接过，其欠身之低，我们从当年照片上可以清楚地看到。在仪式上，萧毅肃中将将日本降书两份交冈村翻阅，冈村签名盖章后本应亲自呈递，而他却让小林呈递。然而，何应钦非但不予追究，还向小林欠身并双手接过降书。

在场的萧毅肃后来回忆（子女记录）："典礼进行中，传递文件是双方的参谋长。（萧毅肃）把降书拿给冈村宁次签字时，是神色严峻地用一只手递给他，冈村宁次则毕恭毕敬地站起来双手接过。何应钦对他们就比较客气，日方投降代表进入会场向中国受降代表行礼时，他欠身回礼。日方的驻华派遣军参谋长小林浅三郎中将，将冈村宁次签过字的降书送回时，何应钦就起来双手去接。可能小林浅三郎故意不把降书递远些，何应钦就不得不弯腰向前，这一来，官方的那张记录照片上，就显得他对小林浅三郎好像比小林浅三郎对他还更恭敬些，以致多年后还受到争议。"萧毅肃只是猜测，我们现在看当年中央社记者拍摄的那张照片，确实可见何应钦的卑躬之态，完全没有战胜国代表的威仪，萧毅肃尚且知道"神色严峻地用一只手"将降书递给冈村宁次签字盖章，何应钦怎能毕恭毕敬用双手欠身捧接比他军阶低的几乎是站直了身子的投降者呈递降书呢？其实，正确的做法应让冈村递呈降书，退一步也应让萧毅肃以中国陆军总参谋长身份，接受日本中国派遣军参谋长小林浅三郎呈递降书。何应钦的媚态，舆论一直未息。这确实大大有损中国的国威，而且使受降仪式毫无严肃、威严之感！在芷江洽降时，萧毅肃以中国陆军总参谋长身份（左右分别是副总参谋长冷欣和中国战区美军作战司令部参谋长柏德诺准将）端坐于受降席之上，今井武夫走至座位前，向萧毅肃等人鞠躬，萧毅肃等三人并未回礼。萧毅肃代表国家受降，何应钦亦代表国家受降，中将能做到不辱使命，堂堂一级上将为何却使国家威仪一钱不值！？

关于何应钦欠身"微带笑容起立用双手接过降书"，不仅舆论不满，国民党内部也一直有看法。如当时南京受降目击者、中国陆军总司令部总务负责人夏禄敏后来回忆何应钦的这一有辱国威的做法时说："当时我们认为日军从'九一八'开始侵略我国，视中国人如草芥，任其蹂躏和宰割，死在他们屠刀下的有千千万万，如今日军被战败，何应钦没有必要站起来用双手接受降书，坐着用一只手接过来就行了。"

何应钦的亲日心态，其部下也心知肚明。在何应钦答应冈村宁次在南京机场欢迎他去受降时，萧毅肃唯恐有不妥之举，在何应钦的座机落下南京机场时，特意赶在何应钦未下飞机时进入机舱，向何应钦指出"我们和日本的战争状态尚未解除，敬公（何部下对他的尊称）在下飞机后，只须向我军还礼即可，不须理会日军"。可见，若无萧毅肃的事先提醒，媚日已成习惯的何应钦，不知还会做出何种丑态！

现在看来，日本战败投降后，战犯们如冈村之流确实甚为狂妄，除笔者在本书前三章做过简述之外，实在举不胜举。冈村是最顽固的主战派，他曾同海军舰队司令官福田良三策划，纠集驻华陆海军退至山东烟台、青岛，以作困兽之斗。只因天皇下诏投降，才不得已而放弃。如8月27日冷欣率陆军总司令部前进指挥所到达南京布置受降，冈村拒不前往主动会晤，还曾表示"上将例不拜中将"，后来才被迫前往。但如果没有亲日派的纵容姑息，他们怎么敢如此骄狂？日本战犯在美军面前怎么不敢如此放肆？南京受降未振国威，何应钦应负绝对责任，他对日本战犯的姑息，我们看20世纪60年代公布出来的他与冈村宁次的谈话记录，便可一目了然！

纵观二战之后对轴心国的战败处理，并不仅仅是受降大典、阅兵，也并非像"密苏里号"战舰上举行受降时，美军上千架飞机呼啸而过借此炫耀胜利；战胜国无不首先惩办战犯、经济索赔等等。纽伦堡国际审判、东京国际审判无不将罪大恶极之战争罪犯处以极刑，以彰显正义之胜利，以告慰冤死之魂灵。即便一些二战中被法西斯践踏之小国，也无不将战犯绳之以法。睚眦必报在战胜国看来并非有失宽恕之道。如1946年，英国开设东南亚军事法庭，审判在马来亚犯下滔天罪行的日本战争罪犯（1942年2月15日英国马来亚驻军司令白思华中将率10万英军向日寇投降，1945年9月英国殖民政府重返马来亚），于1946年4月26日在新加坡樟宜海岸处死日寇酋首福田真中将，福田真罪有余辜，不仅虐待致死致伤6万英、澳战俘，仅1942年2月21日一次连续三天三夜屠杀华侨5万余人！至今，我国新马死难华侨未曾有一个确切的数字。因而，对战争罪犯处以极刑是理所当然、合乎道义准则的行为。

可是，纵观中国受降后，却并未将全部死有余辜、犯下滔天罪行的日本战犯明正典刑，这何以面对在14年抗战中死难的3500万同胞！？何以对殊死抵御外寇而阵亡的"中国国民党和中国共产党领导的抗日军队，分别担负着正面战场和敌后战场的作战任务"的将士们，何以面对"以国民党军队为主体的正面战场"牺牲的数百万将士！？据有关资料记载：国民党军队担负的正面战场共发起大型对日寇的会战 22 次，重要战斗 1117 次，大小战斗 38931 次，伤亡将士共 300 余万人！

另外，除阵亡如此之多的中华好男儿之外，国民党在对日寇作战中共牺牲校尉级以上军官 17000 余名，据上引书中"附录一""在抗战中牺牲的部分国民党军队将领"，将军级阵亡 152 名（不含团长以下追晋少将者）。1945 年 9 月 3 日国民党政府颁布命令，抚恤殉难军民；据我查资料依例抚恤阵亡官兵共 131 万余人，伤残官兵共 43 万余人（这仅是有姓名可查者），将军级军官阵亡达 212 人！但按《中国抗日将领牺牲录 1931—1945》一书统计，国共双方将军级高级将领共阵亡 350 余名！被追赠少将级的国民党团级军官 57 名。八路军、新四军等被改编之初，只有少数领导人被国民党政府授予正式在编的军衔。上述统计数字是将没有被授过衔的八路军、新四军及地方部队旅以上将领涵括的。中国为世界反法西斯同盟国阵亡将领人数之首，而且，国民党将领阵亡精英众多，大多毕业于著名国内外军校，如东北讲武堂、广西陆军讲

▲1945年9月9日，中国战区日军投降仪式在南京举行，图为侵华日军总参谋长小林浅三郎（右）在南京向中方代表呈递投降书。何应钦有辱国家威仪，居然欠身卑躬接过降书

武堂、湖南讲武堂、保定军官学校、四川陆军讲武堂、云南陆军讲武堂、黄埔军校、中央军校、北方陆军军官学校及美国诺维琪军校、日本陆军士官学校、美国维吉尼亚军官学校等，而且大批是一至六期黄埔精英。这样众多阵亡将士，国民党没有向日本索赔抚恤，其他诸如派遣占领军占领日本、惩罚日本高级战犯、日本战俘甄别问题、经济索赔、劳工索赔、慰安妇问题、化学武器问题、文物追讨都没有认真去处理。这实在愧对抗战中阵亡的数百万将士，实在愧对抗战中死难的 3000 多万同胞，实在愧对被日寇蹂躏的大好河山！如果说"还我河山"喊了 14 年，而没有任何实质的赔偿，那如何能让死去的亡灵心安！？

据记载：1945 年在芷江洽降典礼结束时，天空突然现出一道绚丽的彩虹，据说在场中美士兵齐声欢呼。但彩虹毕竟稍纵即逝，而没有给历经劫难的中国人民带来任何实质的好处。固然，在南京受降大典上，何应钦大概很满足美、英、法、苏、荷兰、澳大利亚等国军事代表和驻华武官及中外记者观看，他很过足了一回瘾，但他忘了：美、苏、英等同盟国分别从被战胜国获得大量赔款、实物等，并非只图虚荣！

未能派遣中国军队赴日实行军事管制

1945 年 7 月 16 日，美、英、苏三国首脑在柏林郊外波茨坦森林举行会议，会后中、美、英三国首脑联合发表《波茨坦公告》，敦促日本无条件投降："吾人通告日本政府即宣布所有日本武装部队无条件投降……仅此一途，否则日本将迅速完全毁灭。"公告同时规定：待日本彻底投降后，应由同盟国派遣占领军，在日本各要害之地实行占领，以监督日本解除武装和投降之具体实施。

根据公告精神，中国陆军总司令部在受降伊始，即已开始酝酿派遣中国占领军赶赴日本执行公告所赋予的占领、监督之任务。当时美国一方面从海上进攻日本，逐个攻占各个岛屿向日本本土推进。空军则突施空袭。另一方面为避免更大伤亡（据当时美军估计，如实施登陆日本本土作战美军伤亡将达百万人），同时日本于 1945 年 7 月 28 日又拒绝接受《波茨坦公告》，发誓在本土进行"陆上特攻作战"，直至战斗到最后一人！美国总统杜鲁门获知日本顽冥不化的态度之后，立即批准启动原子弹爆炸计划。分别于 8 月 6 日和 8 月 9 日，动用 B29 远程轰炸机于广岛、长崎投掷原子弹，两地共死亡 21 万人（广岛市人口 32 万，死亡达 14 万人）。此举给日本以极大震惊，遂被迫解帜而降。美国在"密苏里号"主力舰举行对日本的同盟国受降仪式后，即派遣美国海、陆、空军兵力约计 60 万人，蜂拥进入日本本土，分头占领各个战略要地。麦克阿瑟的司令部也移驻东京，组成"占领军军政府"，不仅指挥 60 万美军，同时规定凡各盟国派驻日本之机构、军队的一切活动，征用日本的房屋、物资，甚至一切民用配给，对日本警察部队的管理（按《波茨坦公告》的规定，战败后的日本只允许保留警察武装），均须经过美国占领当局的批准和管束。

对于战胜国象征的向日本派遣中国军队实施占领，比受降大典更有实质的扬威和威慑作用。纵观当时同盟国中的美、英、苏、法，均派遣重兵对纳粹德国予以军事占领，按说中国在对日作战中抵抗最久、牺牲最大，对同盟国阵营牵制日本的作用最巨，完全应履行《波茨坦公告》义务，对日本予以军事占领以扬国威。但蒋介石对此极不热心，缘于他"深谋远虑"于与中共争天下，极不情愿派遣精锐远赴日本，他宁肯将军队留在国内以备"剿共"之需！

后来，还是由于麦克阿瑟的一再要求，蒋介石才极不情愿地批准派遣中国军队赴日。麦克阿瑟为何如此要求？为何不在占领之初谈定让中国派遣占领军？这完全是出于美国利益考虑。当时对日一役，宣告二战结束，"犹是春闺梦里人"，美军士兵思乡心切，引颈欲归。这对美国造成了巨大的心理压力。另外，美国国会已将战后军人复员、裁军提上议事日程。当时美军兵员已达 700 万之巨，为节减庞大军费的支出预算，裁撤兵员已成为必然。当时，美军已决定撤退驻日本占领军的第 6 军，对留驻日本的美军第 8 军等部队也即将予以缩编，以节减军费开支。美军的裁员，将大大削弱驻日美军的威慑力量。当时日本并不稳定，麦克阿瑟心知肚明，为了防止日本国内有可能发生暴乱，必须加强驻日占领军的力量。因而，麦克阿瑟一再要求各盟国承担、履行《波茨坦公告》的义务，迅速派遣占领军赴日。他特别期望中国能派遣 5 万人的占领军抵达日本，协助美军完成任务。他还特别授意中国派遣原驻印度的中国远征军第一军赴日。该军指挥官为毕业于美国西点军校的孙立人，与美国渊源很深，加上该军在赴印缅远征中，对日作战大显神威，如能派驻日本当然符合麦

▲同盟国在波茨坦会议期间讨论对日作战问题

克阿瑟的心理——便于协调，也享有威名。同时作为精锐之师，最适宜应对突发事变。

但蒋介石根本不考虑长远的国家利益，他只关注"剿共"的军事部署，根本不愿抽调号称"天下第一军"的国军精锐派驻占领日本。为国扬威不如与中共争城略地更为实惠！他的名言：中共是心腹之患，日本侵华只不过是肘腋之疾，日本已然战败，占领日本更非他所重视。但麦克阿瑟一再敦促，务必要蒋介石履行义务，《波茨坦公告》亦由代表中国的蒋介石署名宣告中外，蒋介石没有搪塞的理由。加上何应钦偷梁换柱的建议，蒋介石遂正式批准由陆军第76师戴坚部队赴日本执行中国驻日占领军之责。蒋介石为何不再固执，而同意向日本派遣占领军？

依笔者分析，第76师并非精锐，蒋介石才同意派遣。虽非滥竽充数，但确难以与骁勇的陆军新1军孙立人部相比。盖因该师并非完整建制师，原为荣誉第2师所编，兵员以抗战中受过伤的荣誉军人为主体，固然将士喋血战场享有威望，但其整体战斗力难以与新1军比肩！改编为第76师后，出发远赴日

54

本呼声甚急,但又并不具备立即开拔整建制赴日的条件。当时陆军总司令部首先要为第76师调整、充实编制,配备美式军械装备,培训干部等等,这必然拖延赴日之期。另外,我曾看到过史料,按麦克阿瑟要求,中国派遣5万人的部队赴日占领,才符合实际需要。一个第76师当然不够,故国民党政府又在云南编组两个中国赴日占领军的师级部队,为宣我国威,对士兵选拔颇为严格。例如身高均要求达1.7米,所有装备均为美式,以期在赴日本占领任务中达到扬威、镇慑之作用!但最终赴日派遣中国占领军还是化为泡影,起因仍为蒋介石欲发动内战与中共决一雌雄之"戡乱"计划。

在受降之初,蒋介石已开始酝酿"剿共"。苏北、山东、河北等地国民党部队与中共部队多次发生武装接触,并有逐渐扩大之势。蒋介石拒绝中共参加受降,就是要控制大中城市。至1946年年初,蒋介石已决心用武力彻底解决中共,而不惜发动内战。2月,蒋介石以最高军事统帅之尊亲自参加在南京召开的全国国民党军师级以上高级将领参加的"军事整编会议"。这次会议由陆军总司令部召集,名为"军事整编",实为"戡乱动员",蒋介石亲自动员,会议达一星期之久。可见蒋介石非常重视这次对中共发动"戡乱"的动员大会。因为当时并未公开宣布"戡乱",故此会议严格保密,连记者也不知晓。

当时,各受降区的对日受降、接收任务基本完成,原来以战时体制担任受降的"战区长官部""方面军司令部"等对日作战

▲1945年8月9日,美国空军向日本长崎投下了名为"小男孩"的原子弹

序列、军事指挥机构，大多予以撤销，均改为"绥靖司令部"，职能已转换为内战需要，序列上分属各"国府主席行辕"。一时磨刀霍霍，"戡乱"击鼓之声已隐约可闻。已做好赴日派遣占领任务的第 76 师，也撤销派遣单列编制，迅速被列入国民党军对中共作战的战斗序列。赴日派遣占领任务自然随之流产，而且不久戴坚所部第 76 师即开赴"剿共"大战前线。在云南编练的两个赴日派遣占领师也被悉数投入"剿共"内战。这些本应在日本扬我国威的部队，最终覆灭在炮火纷飞的内战战场，惜哉！

麦克阿瑟后来不再纠缠于要求中国派遣驻日占领军，而默许了蒋介石把驻日占领军投入内战，这仍然是美国利益在作祟。按理说从大局出发，驻日占领军兵力空虚，势必暗留隐患，麦克阿瑟当然明白其理，但他对蒋介石不履行约定并未有不满之词！这亦缘于美国政府战后政策的变化。

当时美国总统杜鲁门踌躇满志，四顾无人，高唱"杜鲁门主义"，对苏联等社会主义阵营异常敌视。在远东扶持日本复活军国主义，使日本成为敌视苏联的冷战前哨。在中国，采取援蒋反共政策，支持蒋介石一揽子解决中共方案，军事援助蒋介石发动内战。对美国政府重大决策的转变，麦克阿瑟唯有服从。故此，他不得不默许蒋介石不再派遣中国驻日占领军。

最后，虽然不再派遣中国驻日占领军，为了维系中国作为盟国执行《波茨坦公告》的义务，只派一个人员极少的空头"驻日军事代表团"赴日参加对日本的战后管制工作。此代表团全称为"盟国对日管制委员会中华民国驻日代表团"，为体现对日军事管制的意义，成员多为军人，团长朱世明为国民党陆军中将衔，但人员颇少，总编制为 13 人。但代表团的任务却包罗甚广，如整理有关军事资料；调查日本"皇军"陆海军复员情况；调查日本战犯情况；办理向盟军总部申请有关逮捕、引渡战犯等项事务。此后，东京远东国际军事法庭开庭审判日本甲级战犯时，代表团也出席。由此可见，蒋介石的精力、重心都花在"戡乱"上去了，与对受降大典漫不经心一样，对中国驻日军事代表团根本不予重视。其实，鉴于中国对日作战的巨大贡献，中国完全也必须派遣占领军占领日本，哪怕象征性派遣少量中国占领军占领日本，对于扬我国威、振奋民心皆意义重大！而且其深远意义远不止于此，可惜蒋介石就像此前罗斯福在开罗会议上私下问蒋介石"要不要安南，要不要琉球，也问蒋中正要不要波宁群岛（注：Bonin Islands，即日本称为小笠原群岛之地，在东京正南和琉球正东交会之处），但蒋中正都表示不要"，连参加受降的国民党将领、芷江受降官萧毅肃都明白："如果要了琉球，中国的海陆将大为改观，如果要了波宁群岛，中国的国界就会向东推出两千公里之多。"对日占领的重大、深远意义也非同寻常，否则，美、英、法、苏四国就没有必要分割占领德国，美国也没有必要占领日本了！

附带提一下"中国驻日军事代表团"的最后命运。20世纪50年代初，代表团已无事可干，徒有虚名。蒋介石一度曾对日索赔，但日本耍赖，代表团团长曾拍案大骂日方官员，这不失为一件快事。可最终蒋介石还是迫于美国压力，接受美国的援助诱饵，放弃了对日索赔。

中华人民共和国成立后，也许是中国驻日军事代表团对蒋介石已彻底绝望，开始寻求弃暗投明。我看过一则《环球时报》刊载过的史料，著名作家冰心夫妇曾与朱世明团长友善，并且向他做了不少工作。最后，朱世明团长毅然宣布脱离国民党政府，率团起义，并于代表团驻地升起五星红旗。可惜，此举引起台湾方面极大忌恨，保密局长毛人凤派遣行动组杀手将朱世明团长暗杀。由此可见"内战内行，外战外行"，对国民党来说真是一针见血的定评！

在甲午海战之前，中国曾数次大败日倭。每次痛歼日倭，其派遣遣唐使的数量都会增加。历史上几次著名的荡倭大战，如唐朝与新罗联军大胜倭国，白村江战役威名远播；明朝与朝鲜联合抗倭七年，击沉日舰450艘，《明史》誉为"东洋之

▲驻日盟军最高司令官麦克阿瑟和夫人飞抵日本

捷，万世大功"！元代忽必烈十万水师本欲登岛痛灭倭国，无奈风不助阵，数次无功。清代组建北洋水师，所定购战舰从英国绕道日本，中国海军上岸——这是中国军人首次登上日本本土，却反遭日本警察、浪人围殴。这真是中国军人的耻辱！

1886年7月，北洋水师在提督丁汝昌率领下，出动"定远""镇远""扬威"等6艘军舰赴朝鲜东海岸釜山元山巡游，以威慑俄国觊觎之心。8月6日，"定远"等四舰赴日本长崎大修。13日，北洋水兵上岸休假，与日本警察发生冲突。15日，北洋水师数百水兵上岸观光（皆奉令未携军械），日本数百警察执刀砍杀致死5名水兵（另有5名失踪）。最后追究是非，以日方多付抚恤款结束。14年的日寇侵华，在我中华国土烧杀奸掠，耀武扬威。一旦覆灭，中国军队却不能堂堂正正对日本实行军事占领，实为大憾。

抗战期间，血气方刚的少壮派黄埔系将领们，曾言志要"饮马东京"，要在东京不忍池洗剑，以报日寇蹂躏我大好河山、屠杀我人民、妄图灭我种族的奇耻大辱。但可惜，志士扼腕，中国战胜倭寇后被血染的国旗终未随着驻日占领军的戎伍而飘扬在富士山麓！中国军人的军歌《大刀向鬼子们的头上砍去》最终未响彻日本东京的上空（该歌于抗战后被列为国民党军军歌）。本来，李鸿章令"定远"等至日本大修，即有威慑之意，遂致日本受到刺激，故意寻衅挑起事端。但李鸿章柔弱外交，处理不力，致使中国军人无端受辱！

永远的遗憾
——是谁阻挠中国对日索赔

纵观二战胜利后，不唯美、英、苏、法等大国纷纷获得各种形式的赔偿，即如一些亚洲受到日本蹂躏的小国如菲律宾等也得到日本的赔偿。以苏联为例，不仅从日本割去北方四岛，获得沙俄在中国东北的特权，将外蒙古从中国分离出去而成为苏联附庸；出兵中国六天，却大肆疯狂盗运东北巨额物资设备。占领德国后亦拆运巨额物资设备。苏联在二战之前与希特勒夹击波兰强行割去的领土也拒不退出……如此等等，唯独中国，虽名列四强，却是以牺牲最大而获赔极少。这主要是美国为首的苏、英等国，操纵索赔方案和进程，不断阻挠中国对日索赔，最终迫使当时的国民党政府放弃了对日索赔的权力。中国不仅几乎分文未得，而且再次蒙受耻辱。

在抗战初期中国即开始损失调查

抗战伊始，1938 年 10 月 28 日，在国民党政府陪都重庆召开第一届国民参政会第二次大会。在会上，国民参政会参议员黄炎培（全国解放后任全国人大常委会副委员长）等提出议案，鉴于中国受到日寇侵略，国土沦丧，损失惨重，故建议政府速设立抗战公私损失调查委员会，开展抗战损失调查工作，以拟战争结束据此向日本索赔，并将此详实记载国史，昭告天下及后世。

此项提案一经提出，即于此届会议上获得通过。1939 年 7 月，国民政府行政院颁布《抗战损失调查办法》及《查报须知》，通令国民政府所属中央各机关及各省市（县）政府分别依此办法调查具报；并指定国民政府主计处负责审核汇编所有上报的调查资料。

由此于 1940 年起，主计处即负责每隔半年将各处具报的调查报告及所得数据，累计予以汇编。

由此可见，国民党政府于抗战之初，即开始汇编抗战损失数字，以便将来对日索赔之需。而且，抗战损失调查工作，由行政院主办、主计处协办，较有权威性，虽然此时抗战伊始，还未来得及设立抗战损失调查的专职机构，但由此可见国民政府对抗战损失调查还是比较重视，为将来对日索赔未雨绸缪奠定了基础。因为"党国"一切大事最终还需得到蒋介石的"裁可"，所以起码在抗战之初，蒋介石是同意最终对日索赔而设立抗战损失调查机构的。

最初阶段，因抗战调查未设专管专门机构，也未引起有关部门的高度重视。但抗战进入最艰苦的 1943 年，中国军民牺牲惨烈，公私物资损失更加惨重。这种状况引起国民党最高领导人蒋介石的重视。蒋介石于 1943 年 11 月 17 日以"机秘甲字第 8188 号"手令行政院："关于国家社会公私财产所有之损失，应即分类调查统计，在行政院或国防最高委员会组织机构，切实着手进行，勿延。"通过这则"手令"即可看出蒋介石对此之重视程度，不仅要求"立即分类调查统计"，而且明确要求在有关部门"组织机构"，行政院、国防最高委员会是政府和军事最高机构，挂名于下，可见并非敷衍了事。尤其着重手谕"勿延"，

▲被日寇烧杀抢掠后的天津市区成为一片废墟

可见言简意赅，目的皆在于引起重视，并非官样文章。这也许出于幕僚建议，但起码经过蒋介石认可并以"手令"明确。如果不是蒋介石的一纸手令，抗战损失调查机构的成立恐怕还会拖延下去。

嗣后，行政院由秘书长张厉生筹划，于1944年2月正式成立"抗战损失调查委员会"，并将之前已组成的"向敌要求赔偿文化事业研究会"合并于此委员会。据记载，之前由国民政府主计处负责所经办的抗战损失统计资料和有关调查卷宗总计458卷（含未归卷者83件）悉数移交。该会明确在编制上隶属于行政院，委员约40人左右，行政院副院长孔祥熙任主席，翁文灏任会议召集人。

1945年2月20日，该委员会变更隶属，直属国民政府内政部。原委员会"组织规程"，也通过立法院有关立法程序改"组织规程"为"组织条例"，由此可见国民党政府对抗战损失调查的重视程度。设主任委员，由时任国民政府内政部长张厉生兼任，委员皆由政府各部处高层干部兼任。但该会隶属内政部不久，即逢"八一五"日寇解帜而降，同年10月下旬，美国派遣战争赔款专员保里将军赴华商讨日本投降后的赔偿事宜。当时，由外交部牵头，于重庆召集军事、政府、经济、司法等有关部委开会应对，并相应准备有关资料。在此次会议上，除商讨有关对日索赔事宜外，为适应形势，还决定已隶属内政部的"抗战损失调查委员会"更名为"赔偿调查委员会"，重新归属于行政院领导。

主任委员由时任行政院秘书长蒋梦麟兼任。委员中也增加了5个大部的常务次长，亦可见为应对对日索赔，而将委员会提高规格的苦心。

规格虽高，办事效率却颇为低下。虽然会议作出决定，但内政部抗战损失调查委员会依旧我行我素，即未更名，也未归并，犹令人

▲烧杀抢掠是侵华日军的惯用手段，这是日军在上海闸北一带放火焚烧房屋

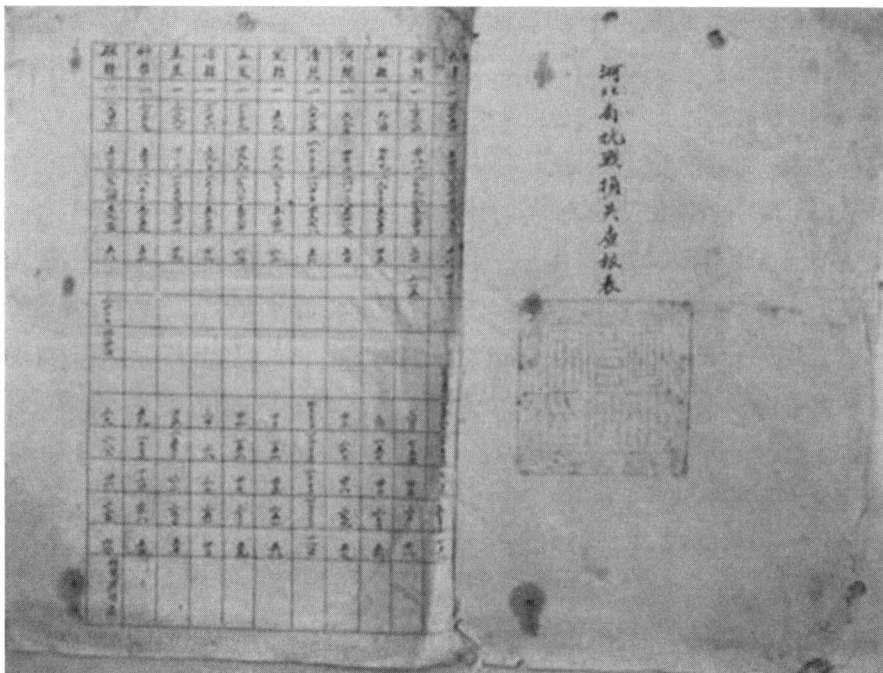

▲一份记载着1937年至1941年间，因日军侵华给当时河北省各县市所造成的人员、财产损失的清单日前在北京被发现，清单统计事件为"自民国二十六年起至三十年十二月止"（1937年—1941年12月）

欣慰者尚未渎职守，仍旧积极从事抗战损失调查事务。其次，虽有"赔偿调查委员会"之名，却无具体办事组织机构之实，也未颁布组织规程或条例加以保障。加之从重庆迁都南京，事务杂陈，蒋梦麟虽名为主任委员，却以行政院事务繁忙无暇顾及为由，提出辞呈，并力荐交通部政务次长出任此职。一个前交通部政务次长而任"赔偿调查委员会"主任委员，当然其权威性比行政院秘书长亲兼要相差甚远。可见索赔在即，国民党政府却漫不经心。实则蒋介石统筹中心皆在于"剿共"，在于与中共争夺地盘，根本无暇顾及调查抗战损失了。

此后不久，国民政府外交部又于中、美、英、苏等十一国组成之"远东委员会"内成立赔偿委员会。为寻求与国际接轨，即与国际间名称相符，外交部行文提案建议行政院将"赔偿调查委员会"更名为"赔偿委员会"，以便于国际间行文交涉。外交部此提案经行政院第 757 次会议通过。1946 年 10 月

1 日"赔偿委员会"成立，12 月 6 日，内政部所隶属"抗战损失调查委员会"亦并入此会。因该委员会已隶属于行政院，主任委员即由行政院副院长翁文灏兼任，至 1947 年 4 月卸任，后由副院长王云五接任。嗣后遂形成定制：凡任行政院副院长职务者，均兼任该委员会主任。直至国民党退据台湾一隅，该委员会终于寿终正寝。

纵观自 1938 年黄炎培参议员提案设置抗战损失调查机构起，至 1949 年国民党败退台湾，凡九年之久，该机构反复变更隶属，造成调查工作诸多不便，也必然影响准确数据的汇集。国民党政府固然有索赔之愿望，然无实干之精神，势必造成数据严重不实，这曾引起蒋介石本人的责问，可见该机构未切实予以认真调查、汇集，其缺报遗漏者令人深以为憾。

从现有档案中可以得知，该委员会由于变更隶属、战时体制、沦陷失地等原因，调查汇集工作时断时续，直到抗战胜利后，由于蒋介石的催促，才开始汇总。1945 年 8 月 17 日，蒋介石手令该委员会主任委员张厉生："关于抗战损失调查工作，应加紧进行，务于最短期内办理完竣，以便据以对敌清算为要。"从语气来看，蒋介石已有微责之意。但张厉生却呈请蒋介石稍作宽限，同时分别向各省市政府有关部门电催尽速调查上报。但"现上轿现扎耳朵眼儿"，对日索赔所依据的数字却迟迟不能汇总上报。当时各盟国拟将举行和平会议，凡受日本侵略的各国将提出各项战争损失的数字，以便责令战败国日本予以赔偿。中国在二战中受日本疯狂侵略和掠夺，所受损失最巨，但却迟迟拿不出详尽数字，这极有损中国形象。故此，蒋介石于 9 月 25 日直接手令行政院秘书长蒋梦麟："饬将战时公私财产损失及人口伤亡调查报告于两星期内呈阅。"迫于蒋介

▲九一八事变后，日军装甲军行进在沈阳城的大街上

▲第二次世界大战中遭受日机轰炸最多、持续时间最长、损失最惨重的中国重庆

石要求期限，蒋梦麟两星期后向蒋介石签呈了抗战中财产损失和人口伤亡的数字报告表。这个报告表显见于仓促，极不完整，不仅未列入海外华侨财产损失和伤亡人数，连内蒙古等盟、旗人口伤亡数字也未统计；更有甚者，连军队人员伤亡数字竟未列入，可见荒唐之至。表中所报人口伤亡仅516690名，以至引起蒋介石的不满，当即批示："南京人口死伤只报3192名，则其大屠杀之人数，当不在内，为何不列入在内？"由此可见国民政府统计部门的昏聩与无能，简直滑天下之大稽！

另外，表中所报公私财产损失（折合成1945年8月币值）为31 032 722 947 367元。人口伤亡数字尚如此不能令人信服，财产损失数字也必有可商榷之处。

由于该表的荒唐和不能令人信服之处，故决定暂不公开发表，继续调查以待补充。但远东委员会需中国呈报损失数字，延缓不得。故抗战损失调查委员会不得不采取权宜之计，以"偏于估计之统计"方法搪塞了事。1947年年初，行政院将参酌中国资产情况及有关部门和专家的研讨，编成《中国责令日本赔偿损失之说帖》，转中国驻美大使顾维钧备用。

这个说帖虽较上一次统计数字迈进一大步，但仍有不完整之处。起因于远东委员会有一条极不合理的规定，即中国的抗战损失并非从九一八事变之日计，而是从1937年7月7日卢沟桥事变计算。中国未据理抗争，而是屈从这一不合理的规定。有关数字从1937年7月7日算起，估计八年中直接损失为313亿美元，间接损失为204亿美元，总计517亿美元；直接因战争死伤1000余万人。这些数据仍然不科学不详尽，不仅东三省、台湾及海外华侨的财产损失皆未计算在内，抗战军费更未统计于中。这个说帖所列数字，仍然不能全面反映中国抗战所受巨大损失和人员伤亡的准确数字。

但作为一个对日作战最直接、损失最惨烈的大国，迟迟不能提交损失报告和统计数字，不仅有损形象，而且更影响索赔进程。故此，迟至 1947 年 5 月 20 日，赔偿委员会向第四届国民参政会第三次大会提交工作报告，正式列报各项抗战损失统计数字，其后更由官方公开发表，此被视为中国政府予以承认的正式对外公布的统计数字。而且，此次统计数字不再是估算，而是切实经过实际查报统计汇编而成的，按理应有权威性和可信性。此次统计数字显示抗战中中国公私财产直接与间接损失为 559.43804 亿美元，人口伤亡 12784974 人。财产损失比之前向远东委员会提交数字多 30 余亿美元，人口伤亡数字多 270 万余人。值得指出的是，虽然宣称为全国损失统计，但明显名不符实，因为这一报告仍然屈从于远东委员会的不合理规定，1931 年九一八事变至 1937 年七七事变 6 年中公私财产、军事损失、人口伤亡均未统计于内。更为不科学的是，竟然将东三省、台湾及中共领导的敌后根据地各项损失摒除于外，这有何权威性可言？与上次估算的报告大同小异，也不能不让人们怀疑其可信性。

机构的反复更迭，是造成数字失实的原因之一。另外机构领导人的不断变换也造成不能始终如一。而且历任调查机构领导人皆非专业，如张厉生，长期做国民党党务工作，根本不擅于此，1948 年 5 月任行政院副院长，受命挽救行将崩溃的金融币制，因无成效，不得不于半年后去职。又如孔祥熙，长期主管财政金融，以贪污而著称，他岂能分心关注于此？又如翁文灏，本是地质专家，被蒋介石以"人才"延揽入阁，1948 年 6 月至 11 月，出任行政院院长，参与所谓"币制改革"，狂发金圆

▲1937年12月15日，占领南京的日军正在疯狂掠夺财物

65

券，也以失败而告终。再如蒋梦麟，本为教育家，当大学校长是其专长，所以他请辞调查委员会主任一职，也证明他对调查事务真是"无暇顾及"且不擅于此道。再如王云五，长期从事教育、编辑工作，担任商务印书馆总经理，以发明"四角号码检字法"而风靡全国，当选为中国发明家协会理事长；1946年以后从政，相继任国民政府经济部长、行政院副院长、财政部长等，也是发行"金圆券"的策划人之一；别看四角号码发明甚为了得，但并不一定擅长调查统计。由此可见，蒋介石用人往往用非所长，也是造成调查统计数字屡屡不完全的原因之一。

另外，依笔者所见，当时将调查工作完全交给行政院，也是不缜密之举。其实沦陷区调查情况应单交与军统。因为抗战期间，军统是负责对日伪情报调查的。包括一些经济类执法工作，如缉私、交通包括制作假币扰乱日伪金融市场，包括抗战胜利后对日伪资产的接收，都是交军统负责的。军统在沦陷区皆布置有潜伏区、站、组，这类调查统计对于军统来说，应该是举手之劳。

当然，即便如此，我们以今天眼光来看，抗战损失调查仍然有其重大意义，因为可见蒋介石和国民政府从抗战之初即非常明确：抗战必胜据此向日寇索赔。而且对于鼓舞抗战意志不乏坚定必胜信心之意义。况且，自鸦片战争以来，屡屡战败于列强，不唯割地赔款、丧权辱国而致生灵涂炭，而从未有过损失调查记录的统计。尽管抗战损失调查数据尚不完整，但自有其重要意义。如不是蒋介石在美国支持下一心发动内战，调查损失应有更大成绩。平心而论，国民政府对此应是极为重视的，国民党败退台湾后，仍将6大箱93麻袋抗战损失调查统计资料抢运至台湾，在那种仓惶失措情形之下，仍不忘抢运调查统计原始资料，可见国民党还是不忘对日索赔的，只不过后来屈从于美国压力违心放弃而已！

我们不能忘记当年损失调查委员会、赔偿委员会及全国各地工作人员的辛勤工作，在三年内战战火纷飞、颠沛流离的窘状下，仍然记录了日寇犯下的滔天罪行和无数中国人作出的巨大牺牲和损失。尽管有不如人意处，但我们后人将永志不忘！

1985年，中国政府根据历史学家多年考证和不断发现的资料，正式公布中国在抗战中的伤亡人数为2100万人以上！

1988年，中国军事科学院重点研究、调查中国军民在抗战中伤亡人数依据，得出伤亡 3500 万多人的结论！至于财产情况，至今都未有一个详尽的数字，但 5000 亿美元直接和间接损失应该是勿庸置疑的。

这样巨大而惨痛的数字，日本一直未向中国赔偿。美国阻挠、压迫使当时的国民党政府放弃了对日赔偿！

乍寒时节，在湘西飘落的丝丝细雨中，笔者再次来到松涛阵阵、苍翠环绕的芷江受降坊瞻仰。登临四顾，于感慨万千中口占一绝：

> 凄凄细雨染松青，剑气依然动魄旌。
>
> 白骨三千五百万，换来此地受降城。

仰读受降坊上蒋介石、李宗仁、白崇禧、何应钦等国民党军政首脑那些陶醉于日本投降的楹联，谁都不会想到：历尽劫难的中国尽管付出了 3500 万人的牺牲、数千亿美元的损失，以位列堂堂世界四大强国之尊，却居然未获实质赔偿，而再次蒙受耻辱。我看到受降纪念馆中只增加了当年芷江洽降主官萧毅肃中将的纪念室，我个人觉得中国 14 年浴血抗战的惨烈牺牲（前 11 年完全得不到任何国际援助而孤军奋战），不仅仅是"换来此地受降城"，更应将战后战胜国分文赔偿未得、再次蒙羞一并载入，使我们的子子孙孙勿忘斯耻！

中国为同盟国作出重大牺牲，依情依理要求获得日本赔偿的 50% 总数份额。按照惯例，战败国须割地赔款，以表示彻底认罪。认罪绝非口头虚与委蛇（像今日之日本，口头上都不正式、认真彻底谢罪），必须作出痛苦的实质性赔偿。例如苏联，理直气壮割去日本的北方四岛。又如战败之德国，只能退出原来侵占波兰、捷克、法国的领土并向战胜国和犹太人作出赔偿。德国至今已支付 640 亿欧元用于二战赔偿与补偿。直到 2007 年 6 月向 100 多个国家 166.5 万名强制劳工支付赔偿金才宣告结束，共支付 43.7 亿欧元。这是天经地义无可置疑的。

二战将结束，罗斯福有鉴于中国作出的巨大牺牲，并感激中国对世界反法西斯阵线的贡献（主要是牵制日本在中国大陆的精锐兵力），在开罗会议上曾向蒋介石数次建言，将日本原来吞并的琉球群岛、小笠原群岛交还中国，并一度询问蒋介石"是否有意兼并越南"（黄仁宇：《以大历史的角度读蒋介石日记》，九州出版社 2008 年版第 260 页）。蒋介石或婉言谢绝，或"一口拒绝"。

蒋介石或出于对日本的恐惧心理，不敢应承。这从抗战初期蒋介石日记中即可见端倪，他唯恐日本一旦再次强大报复中国，所以他在对日索赔这一大是大非问题上，也最终放弃了作为战胜国对战败国日本的战争索赔权利。

1945 年，世界反法西斯战争已接近尾声，是年 12 月 27 日，由美、英、中、苏、法、荷兰、加拿大、澳大利亚、新西兰、印度、菲律宾十一国代表成立远东委员会，其职责明确为战后对日索赔并对日本战败后管制执行最高决策。鉴于战后日本状况，远东委员会拟订对日索赔方案一是为使受害国以最快速度得到赔偿，二是为限制日本战败后的战争复活能力，故主要为拆迁日本现存的战争工业设备，即以实物予以赔偿，这一方案最终得到各同盟国同意。

中国作为受日本侵略的最大受害国，早在 1938 年抗战之初即已成立抗战损失调查机构，1947 年年初由内政部赔偿损失调查委员会（前身为"抗战损失调查委员会"）向远东委员会提出损失数字报告，即《中国责令日本赔偿损失之说帖》（以下简称《说帖》），以中华民国国民政府行政院名义，详尽叙述中国在二战中所作出的巨大贡献和惨重损失。由于当时客观原因，数字统计并不精确，而采取估计方法，公布中国在抗战期间公私财物直接损失为 313 亿美元，间接损失 204 亿美元，合计 517 亿美元。此统计数字不包括抗战军费及东北、台湾及海外华侨的损失。直接战争死伤人口 1000 余万人。需要指出的是，上述统计数字均按远东委员会的不合理规定，即要求中国抗战损失只从 1937 年 7 月 7 日计算，而不是按 1931 年九一八事变之日起计算。

《说帖》还阐述中国受日本侵略占领之土地占中国 80％的区域，占亚洲沦陷区达 45％。中国所受惨重牺牲，对整体同盟国阵营对日决战之胜利具有决定性的贡献。因为中国遭受日本全面侵华战争之时，各盟国尚对日本之凶焰观望踌躇作壁上观，中国军民几乎无任何外援，"仅凭其窳劣武器"独自抵御日本兵锋长达 5 年之久（如从"九一八"算起则长达 11 年之久）。中国加入盟国中国战区后，顽强而长期牵制侵华日军之精锐近 70 个师团百万之众，对于美国太平洋战场、英军印缅战场、苏联对德作战之欧洲战场，给予了最大的支援并为此作出牺牲。因而，中国的损失与军民伤亡位列各同盟国之首。为此，中国政府在《说帖》中提出应从日本获得不低于 50％赔偿总数的份额，并合情合理地阐明了中国政府关于获得赔偿的原则和用途。

其实，中国政府已屈从于远东委员会的不合理规定，其实际损失和人员伤亡远远高于《说帖》所公布的数字，但仍然被美国所阻挠。

美国主导包揽、操纵赔偿程序，阻挠中国索赔

按照反法西斯同盟国的共识，战败国日本应处于盟军占领和管制之下，但当时盟军最高统帅为美国五星上将麦克阿瑟，日本又为美军一路浴血奋战登陆所占领。苏联虽然以百万之师扫荡中国东北，但其战略重点维系欧洲，已从《雅尔塔协定》中获得外蒙古、中国东北等主权利益，又从东北盗运拆卸大量机器设备物资，故不便在远东包括日本占领问题上与美国分一杯羹。中国虽然曾被盟军要求派遣数个占领师进驻日本，但因蒋介石将占领师悉数投入内战，故最终未曾参与占领日本。所以日本最终等于被美国独家占领，麦克阿瑟成为日本的"太上皇"。故而远东委员会虽为对日决策的最高机构，但"一言丧邦"之权力却实际归于麦克阿瑟所代表的美国。

远东委员会中最主要的盟国苏联远离索赔问题，因为苏联已获得割去日本北方四岛的巨大利益。另一大国英国则唯美国马首是瞻。中国虽跻身四强，虽然损失最巨，却并不能占主导地位。但所幸远东委员会规定各盟国可以运用否决权。另外，美国也并不能包揽一切，在对日赔偿关乎各国切身利益的实质问题上，也不得不先让各国讨论。也正由于各国主张不尽相同，所以久议不决。最终还是由美国拍板，于1946年3月提出临时赔偿方案：将日本用于战争的工业设备先行拆卸一部分，待最终方案决定后再予以结算。姑且不谈美国提出的临时方案是否合理，由此亦可看出美国对赔偿问题仍然起主导作用，从始至终美国是操纵和包揽对日赔偿，根本不考虑中国等受害国的感情和合理要求。

1947年4月，美国政府授权盟军最高统帅部，指令远东委员会按美国所提出的临时赔偿方案，将所规定的超出保留和剩余设备中的30%先行对受害国进行赔偿，并优先分配给受日本战争侵略损失最严重的中国、菲律宾等国家，并明确规定中国分得这部分物资总额的50%。

尽管不是日本所有工业设备和物资的全部，但美国如此方案，也可见其

毕竟考虑了中国的地位和所受到的巨大损失，美国欲行操纵之实，但在这一阶段也还是考虑表面上貌似公正。

远东委员会将这一方案的分配数额通知国民政府，行政院赔偿委员会立即成立有关的6个小组，分别是机械工具、造船、钢铁、化工、电力、轻金属六大类别，并按盟军总部和远东委员会的规定进行索赔申请手续，相继提出要求日本赔偿的具体方案。按50%份额的规定，六大类工业设备索赔总计约482218吨。虽然距日本战败投降已过一年零八个月之久，但索赔进程终于启动。国民政府早于盟军总部方案下达之前3个月，即已组成中国赴日进行先期拆迁赔偿准备工作的代表团，只等确定具体工厂设备便开始拆卸工作。按当时远东委员会临时赔偿方案，赔付中国的日本工厂计有1000多所。所以，当时国民政府真是翘首以待。

但是，从来奉行双重标准的美国果然又出尔反尔。这是缘于美国冷战思维的兴起，对苏联为首的社会主义阵营的兴起恐惧万分，并采取了对峙和敌视的政策。对蒋介石政府风雨飘摇、中共逐渐壮大的局面心生失望，美国不得不重新审视亚洲格局，由此迅速调整扶持日本和保存日本经济实力，以立足亚洲与苏联和即将改变价值观的新中国相对峙、对抗。因而，已刚刚开始实施的对日索赔，也被美国一口否定。美国开始极力包揽索赔工作进程，为了全力扶持日本的需要，不仅释放已审判的日本甲级战犯，还任意提出妨碍对日本索赔的各种规定，刁难中国对日索赔正常进行。对中国的索赔进程，采取敷衍、拖延等手段。更有甚者，甚至推翻原有赔偿数额，以损害日本民用经济为由，将原定供受害国拆赔的日本工厂一再减去。又蛮不讲理地规定凡定已应赔偿的日本工厂，中国等受害国不得随意参观，日本方面亦不得与中国等国随意接洽。为了虚耗时间拖延，美国拒不安排中国等受害国统一参观调查核准，致使中国索赔代表团无法了解日本工厂设备情况。美国还把持包揽日本赔偿工厂设备的挑选、编目、估价、核准、账目等具体程序，规定上述调查工作概由盟军总部进行，受害国一律不得染指。因而，自始至终中国代表团也并不知晓日本赔偿工厂设备的全部估价和总价值。所谓50%的赔偿数额，对于中国而言，只是一个虚缈的抽象数字。

国民政府因为内战需要美国的支持，对美国蛮不讲理地操纵、把持索赔工作的行为，只能仰人鼻息。国民政府不敢据理力争，只能是忍让、妥协、哀乞。美国也看透了蒋介石的心理，故而才如此趾高气昂，视中国如无物。妥协了两年之久，美国才给了蒋介石一点面子，允许中国从日本运回 3 批 18 所工厂总价值区区 2200 万美元的拆赔设备。这与当时远东委员会临时赔偿方案中所公布的赔偿给中国 1000 多所日本工厂设备的数字相差何其巨大，也与中国《说帖》中所提出的 500 多亿美元的损失额度更有霄壤之别！

美国蛮横取消拆赔方案，最后中国只分到几十艘日本破旧军舰

唯使蒋介石满意的是中国分得了 34 艘军舰，因蒋介石正急于内战，分得这数十艘军舰正可用于内战。

二战期间，日军与美军在太平洋海域激烈海战，其庞大海军舰队遭受重创，航空母舰和主力战舰无一幸存。但仍保留驱逐舰、运输舰等各类舰只 131 艘。当时投降的日本官兵遍布日本本土之外，经中、美、英、苏四强决定，拆除舰上武器，仍由日本海军驾驶，担任运送日军、日侨返回日本本土，藉此减轻盟军运输的负担。1946 年至 1947 年年初，遣返日本官兵和日侨工作基本完成，中国提出日本军舰亦应作为战争赔偿，因为中国海军在抗战中牺牲惨烈，军舰在与日军作战中损失殆尽，理应得到赔偿。据史料所载，1945 年 10 月，中国收复台湾前往受降的先头部队因无军舰运送，竟只能乘帆船抵台。在中国的坚持下，驻日盟军总部最终同意将 131 艘日本海军军舰作为战争赔偿，但美国的分配方案并不按付出牺牲最大的国家为主，而是并不完全平均分为四份，供中、美、苏、英四大国抽签分配。其实，这其中最不该得到日本赔偿的是英国，英国在对日作战中，如香港地区、缅甸、马来半岛等都是不战而溃、望风而降，但却也幸运获得一份赔偿。也许当时的国民政府认为这已经很满足，故未提出任何异议。

1947 年 2 月，中国海军少校钟汉波被任命为中国驻日代表团军事组首席参谋，主要负责与驻日盟军当局协商如何分割日本海军所遗存的军舰。

1947 年 5 月，中国接收日本军舰的海军官兵抵达日本。

1947 年 6 月 28 日，东京盟军总部举行日本军舰分配仪式。四大盟国代表出席，并按抽签方式抽取份额。中国海军官兵和大批华侨出席，据记载，在场的很

▲太平洋战争之海战

多中国人都热泪盈眶。也许是上天也认为对中国不公，中国代表在抽签时幸运地抽中第二份数额军舰。从事后看，中国抽中的份额在吨位、舰况等方面均优于美、英、苏三国。这份份额计有驱逐舰7艘、护航驱逐舰17艘、驱潜舰2艘、运输舰1艘及其他舰只6艘，总计34艘，总吨位3.6万吨。

抽签结束后，根据盟国总部规定，中国所得34艘军舰分四批开回中国。

1947年7月1日，钟汉波率第一批8艘日舰，配备200余日本海军官兵，悬挂红蓝两色E字缺角形制的日本俘虏旗驰向中国吴淞口。7月3日下午抵达。一经亮相上海外滩，即已万人空巷。7月6日，于上海高昌庙码头举行接受降舰仪式，日旗降下，高高升起中国国旗和中国海军旗，宣布改名，编入中华民国海军序列。3个月后，另三批日舰陆续来降。最终有28艘日舰经维修后编入中国海军现役。

当然，这些接收的日本军舰最终并未用在保卫祖国领土主权之途，而是大半毁灭于内战烽火之中，这也许是最可悲可叹之处！

中国要求索回北洋水师铁锚受到美国刁难

1949年5月13日，美国终于撕下遮羞布，根本不与任何盟国协商，蛮横地发布第140号临时命令，通知盟军总部取消先期拆赔日本工厂设备的指令，并要求无条件立即遵照执行。这不仅使先期美国自己提出的30%赔偿方案被腰斩，也使整体对日索赔计划付之东流！当时的美国总统杜鲁门曾信誓旦旦地表白："大国的责任是服务而非支配世界人民。"但美国的所作所为毫无疑问不仅没有"服务"于中国人民，反而伤害了中国人民的感情，使中国本应得到的赔偿化为泡影！

说起美国对中国对日索赔的刁难和欺负，可谓多矣。20世纪60年代很有名的一本书——《美帝侵华史》，我印象中没有谈及对日索赔等种种。举例之一，中国赴日代表团以李英华团长为首，除了交涉对日本工厂设备赔付等工作外，还与麦克阿瑟等美国、日本政府进行了为时三个月的艰苦谈判，最终争取到美国政府与日本政府的同意，将3万多名中国战俘接回中国。相比起中国1946年对当时滞留于大陆的数百万日军战俘和日侨及数千日本遗孤的遣返速度，美国、日本的做法简直不近情理。我们只要略为查看史料，就可以知道美、英等国对待德国战俘，苏联对待德国、日本战俘（苏联曾强制60万日本战俘在西伯利亚劳动，致使53000多日军战俘死亡）的做法！

而且，就连中国应该得到的一点公正和尊严，美国都会百般刁难和拒绝。在中国代表团对日索赔工作中，有一项由军事组首席参谋钟汉波少校所负责的任务，即索回在甲午战争后被日寇掠夺到日本的北洋水师"镇远""靖远"两舰铁锚。北洋水师这两艘军舰在山东威海刘公岛之役中战败而被日军缴获，日本为羞辱中国，竟将两舰艏锚卸下运回日本，陈列于东京上野公园，还铭刻宣扬日本"武威"、辱羞中国的碑文。

钟汉波在向当时的日本吉田茂政府追索时，被吉田茂政府以无权处理对外事务为由婉拒。钟少校只好转向驻日盟军最高统帅部协商解决。盟军总部借口甲午海战发生于50年前，与二战无关，而拒绝受理中国索还铁锚一案。这个借口太牵强了，照此逻辑推理，台湾版图就不必归还中国了，因为那是甲午战争被日本割去的。苏联也不能收回库页岛了，那更是日俄战争后被日本割去的。美国言行不一、翻云覆雨、不顾国际法理准则的劣迹太多了。诸如台湾，美国口头同意属于和归还中国，实际在1947年即提出台湾由联合国托管的动议；1948年年底，美国又开始散布"台湾在'法律上'还不是中国领土"的谬论。1949年3月，美国国务院发言人又大放厥词："台湾地位在战时与库页岛完全一样，其最后地位将由一项和约决定。"1954年年初，美国更公然提出将中国沿海岛屿问题提交联合国安理会讨论，试图将台湾问题国际化，妄图将中国领土台湾分割出去。这种谬论，就连蒋介石也予以激烈谴责。

所以，美国可以拿别国的领土任意"割裂"，对中国要求归还甲午海战日本窃走的舰锚，当然可以任意拒绝，根本不放在心上。

钟少校不为美国的刁难而退，先与中国驻日代表团法律专家研究，取得中日甲午战争时效与延伸共识，并援引类似国际法裁决案例，于1947年4月向盟军总部第二组组长普斯上校提出复议申请。普斯上校终于被这个年轻的中国海军少校不达目的誓不罢休的职责所深深感动，最终同意向日本政府交涉，限期归还中国北洋水师铁锚。

1947年5月1日，盟军总部与中国驻日代表团在东京芝浦东海码头举行铁锚移交仪式，由钟汉波少校代表中国签收。中国驻日代表团并监督拆毁上野公园的辱华碑文。随后，象征一段屈辱历史的北洋水师铁锚被运回中国……

我未曾去过山东威海刘公岛的北洋水师提督衙门旧址，在辟为纪念馆的展室，这两件铁锚是否还在陈列？假设陈列于此，来此一观的人们会知道这段曲折的历史吗？

钟汉波少校，一个年轻的中国军人，尚知应该力争索回本来属于中国的物品，不禁想起古人的诗句："岂有堂堂中国空无人！"真是令人感慨万分！作为战胜国战后蒙羞，空手而还，恐怕只有中国一例。连菲律宾、新加坡、韩国等小国还分得日本赔偿的十数亿美元之款啊！

钟汉波之名，我想一定取自汉代扬威边域的伏波将军马援。汉之伏波，无负此名！虽然两件铁锚，无补于中国在14年抗战所遭受的惨烈而巨大的损失。但走笔至此，我仍向为中国争回一点尊严的中国海军军官钟汉波少校致以敬礼！但愿吾人勿忘钟汉波！每写一章，心头那负重挥之不去，点点滴滴似在淌血，遂痛赋七绝以抒感愤：

> 梦到伏波万里行，
> 扬威雪耻太关情。
> 铁锚锈蚀如滴血，
> 只恨神州负辱名！

美国操纵包办"旧金山和约"，越俎代庖
放弃对日索赔

　　二战结束后，同盟国理应对战败国签署惩罚性的和平条约，同盟国阵营有意与日本缔结和平条约，以结束战争状态。1947年7月，美国倡议举行"对日和会"预备会议，由参加远东委员会的各国共同起草和约。美国从一开始就想一手主导，苏联则坚决反对，坚持"对日和约"应由中、美、英、苏四国起草，并各自保留否决权。这一建议明显要打破美国的垄断，故美国开始采取拖延手段，致使和约谈判进程被搁置。但由于美国逐渐与苏联冷战对峙，在1948年以前的对峙还在幕后进行，而1948年以后则逐渐激烈。对日全面媾和受到重重阻力，一直拖延到1950年。此间，苏联曾提出一个对日和约的建议，即主张所有曾以武力参加对日作战的国家都参与制定对日和约。中华人民共和国政府曾声明完全同意苏联政府的建议。但美国出于冷战的需要，对苏联关于

▲1951年9月8日"旧金山对日合约"签订后，杜鲁门在会上发言

▲旧金山和约签字地

对日和约的建议根本置之不理，始与英国联手，极力筹划所谓"多边媾和"的方针。1950年朝鲜战争爆发后，美国出于对社会主义阵营的仇视，采取防堵政策，企图沿太平洋西岸建立一条"反共防线"。除了试图以"台湾地位未定论"借口将台湾纳入"防线"链条之外，美国更加急不可耐，对原本想拖延下去的对日和约问题大为积极，竟然要将过去的敌国日本拉入同盟，借和约签署将日本恢复为主权国家，进而将日本纳入防共链条之中，以作为冷战的前哨堡垒。美国所考虑的"对日和约"在战争史上是少见的，即"和约"非但不具备报复性和惩罚性，却充满了和解性。

最初，美国由于朝鲜战争爆发，更加敌视新中国，曾考虑让退据台湾的国民党当局代表中国参加"旧金山对日和约"。但英国政府在提出的"对日和约"草案中，却主张"让中共代表中国出席对日媾和会议"。当时参加对日和会的远东委员会各国中，已有英、苏、印度、缅甸、巴基斯坦承认新中国，澳大利亚、新西兰、法国、加拿大也并不支持台湾。尽管美国反对中华人民共和国参加，但却不能不考虑它的主要盟国英国的提议，因为在处理对日问题的远东委员会中，以英国为首的英联邦成员国占多数，如果形成对立而付诸表决，美国的提议难以达到投票国三分之二多数通过。而英国的提议极有可能顺利通过，这是美国万万不愿看到的——中华人民共和国出席对日媾和会议，而台湾却得不到代表权资格。故此，美国煞费苦心，派出美国对日和约特使杜勒斯亲赴伦敦，向英国几经交涉，经过幕后交易，达成了一个令海峡两岸中国人都无比愤慨的决议：中华人民共和国和台湾国民党当局都被拒绝参加对日和会。在美国、英国的操纵下，中国作为受日本侵略最深重、抗战功绩巨大的战胜国，就这样被拒之门外！

1951年4月7日，媒体公开美国提出的对日和约草案全文。草案在此之前已送交实际参与太平洋战争各国（地区），台湾却未收到。4月17日，台湾"外交部"提出了"对日和约之方针"草案，但随后英国、印度等开始反对台湾参与签署对日和约。5月29日，杜勒斯与台湾"驻美大使"顾维钧会谈，已很明确表示美国不支持台湾参加旧金山和会。新中国当然更被美国排斥在外。

1951年9月4日，美国暗箱操纵了四年之久的对日和会在美国旧金山召开。中国被排斥在外。1951年9月8日，美国、英国、苏联、印度、加拿大、澳大利亚、新西兰、菲律宾、印尼、缅甸、波兰、捷克等48个国家与日本共同签订了对日和约。

苏联、波兰、捷克斯洛伐克拒绝在"和约"上签字。印尼、菲律宾等国本来也对日本索赔呼声甚高，纷纷表示保留索赔权利，但在美国压力下，最终还是在和约上签了字。在旧金山为期数天的签约过程中，美国导演、支持、纵容日本战后政府大施耍赖手腕，能赖则赖，能拖则拖，能减则减，装聋作哑，

▲2001年，时任美国国务卿鲍威尔和日本外相田中真纪子在"旧金山和约"50周年纪念日签署《旧金山宣言》

顾左右而言他。能赖掉的千方百计赖掉，或以口头道歉抵销赔偿，或以愿意谈判为烟幕，死皮赖脸拖下去，总之要尽一切伎俩。这些丑恶行为若无美国撑腰，一个战败国怎敢如此抵赖、逃脱赔偿责任！？

"旧金山和约"规定于1952年4月28日正式生效。美国还不顾苏联的反对，蛮横宣布对日处理赔偿问题的远东委员会正式结束。我们以今天的眼光来看，当年的"旧金山和约"对日本的战争赔偿责任简直是一笔抹杀，完全体现了美国一手主导的同盟国"放弃赔偿"的主旨。"旧金山和约"中有关日本战争赔偿的条款只有区区第十四条至第十六条，其中对日本如何向同盟国赔偿极其轻描淡写。归纳来看，无非两项款条：对被侵占国提供技术性或劳务性补偿；日本以及人民在同盟国境内的财产权益，由该同盟国处置。除此两项之外，同盟国决定一致放弃对日本的一切赔偿要求。这个所谓的"和约"，没有中国的参加，当然不具任何合法性，首先即违反了从《联合国宣言》到《波茨坦公告》等一系列重要国际协定，尤为可笑的是，48个签字国中的有些国家并未参加对日战争。有的国家当年甚至是日本的仆从国，与伪满洲国还建立有"外交关系"（当年世界只有十几个国家如德、意、苏联、匈牙利等承认伪满洲国！苏联最为卑劣，不仅是同盟国中唯一外交承认伪满洲国者，还于1935年3月23日，未经中国同意，单方将中东铁路售与伪满洲国，获利14亿日元）。这个"和约"太不合法，因而理所当然引起海峡两岸中国人的公愤！

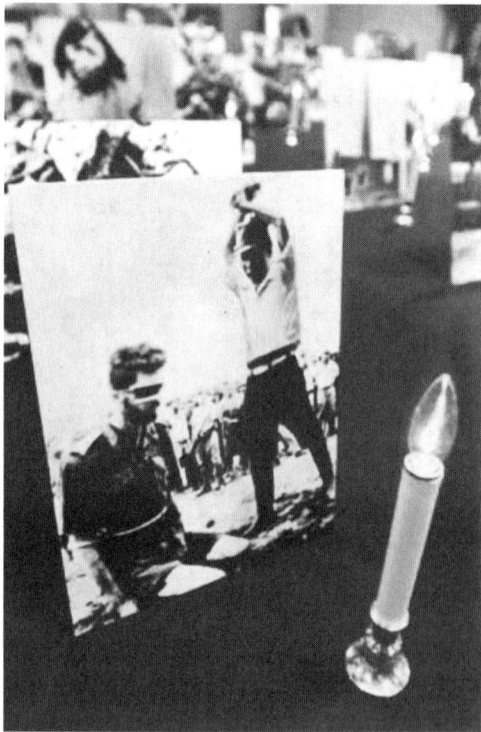

▲2001年，抗议者摆出了记录日军二战罪行的58幅黑白照片，并在每幅前点起了电池蜡烛

新中国严正声明不承认非法的"旧金山和约"

　　"和约"于 1951 年 7 月 12 日公布草案，中华人民共和国政务院总理兼外交部长周恩来代表中国政府于 8 月 15 日发表严正声明："美英对日和约草案，不论从它的准备程序上或它的内容上讲，都是彰明昭著地破坏了 1942 年 1 月 1 日的《联合国宣言》《开罗宣言》《雅尔塔协定》《波茨坦公告》及 1947 年 6 月 19 日远东委员会所通过的对投降后日本之基本政策等重要国际协定，而这些协定都是美英两国政府参加签了字的。《联合国宣言》规定了不得单独媾和，《波茨坦协定》规定'和约的准备工作'应由在敌国投降条款上签字之会员国进行。"周恩来在声明中痛斥了"和约"在赔偿时间划分上的荒谬："中国人民在抵抗和击败日本帝国主义的战争中，经过了最长期的艰苦奋斗，牺牲最大，贡献最多，因此，中国人民及其所建立的中华人民共和国中央人民政府在对日和约问题上是最有合法权利的发言者和参加者。可是，美英对日和约草案竟在它关于处理盟国及其国民于战争时期在日本的财产和权益的条文中，规定起讫日期，由 1941 年 12 月 7 日起至 1945 年 8 月 2 日止，而将 1941 年 12 月 7 日以前中国人民独立进行抗日战争那一时期完全抹杀。美英两国政府这种排斥中华人民共和国和敌视中国人民的非法蛮横行为，是中国人民绝对不

▲ "旧金山和约"签字仪式

79

能容忍并将坚决反对到底的。"

　　周恩来在声明中谈及赔偿问题时特别揭露了美国损人利己的祸心："关于赔偿问题，中华人民共和国中央人民政府认为必须澄清美国政府在美英对日和约草案上故意造成的混乱。草案承认在原则上日本应对其在战争中所引起之损害及痛苦给予赔偿，但同时又说如欲维持健全之经济，则日本缺乏赔偿能力和履行其它义务能力。从形式上看，好像美国政府最关心日本经济的健全似的，实际上，美国政府在占领和管制日本的六年当中，已经利用各种特权和限制，窃取了并仍在窃取着日本的赔偿，损害了并仍在损害着日本的经济。美国政府不让其他曾受日本侵略损害的国家向日本要求赔偿，其不可告人的隐衷，就是为保存日本的赔偿能力和履行其他义务能力，继续供给美国独占资本的榨取。"

　　美国在占领日本后，一手遮天，如同苏联进入中国东北一样，也干着拆卸日本机器设备运回国内的勾当。美国阻挠中国等国向日本索赔，正如周恩来所揭露的是有"其不可告人的隐衷"！在"旧金山和约"签署的同日，美国和日本签署《日美安全条约》，正式确立起昔日分属轴心国和同盟国的日美军事同盟关系。日本不仅被置于美国的核保护伞之下，而且成为美军扼制苏联和中国的桥头堡和后勤补给基地，成为美国封锁新中国"半月形"包围圈中的一个链环。事实证明，美国利用日本的军工潜力，在朝鲜战争中依托日本，获得了充分的后勤补给，同时也成为日本战后经济复苏的一个重要契机。美国所谓的"正义"，在"对日和约"这一丑剧中，不是再一次暴露无遗吗？

　　因而，中国人民理所当然拒绝承认这一有悖公理和正义的所谓"和约"。在周恩来代表新中国发表严正声明后的第三天，即 1951 年 9 月 18 日，周恩来再次代表中国政府向全世界严正声明："中华人民共和国中央人民政府再一次声明：旧金山对日和约由于没有中华人民共和国参加准备、拟制和签订，中央人民政府认为是非法的、无效的，因而是绝对不能承认的。"

　　时至今日，日本最高法院屡屡以"旧金山和约"为司法依据对中国民间战争受害者索赔予以阻挠和封杀。这是强词夺理、强加于人的，"旧金山和约"本身并没有完全免除日本对中国的赔偿义务，"旧金山和约"更不能将其框架强加给未参予签订该"和约"的中国和其他受日本侵略的亚洲国家。自"旧金山和约"生效之日起，中华人民共和国政府从未承认过这一"非法的、无效的""和约"，这一严正和捍卫中国尊严的立场是始终如一的，至今也没有改变。

美国拒绝台湾参加"旧金山和约"

在美英操纵"旧金山和约"出笼的过程中，两国一致决定拒绝已退据台湾的国民党政权参加。1951 年 5 月 26 日，伦敦消息证实，英、印等国反对台湾签署对日和约，蒋介石在得知美、英两国的这一决定时，非常难堪，但他仍对美国抱有幻想，下令台湾"驻美大使"顾维钧与杜勒斯频频会晤、交涉，期望让国民党政权参加到"旧金山和约"中去。1951 年 5 月 29 日，顾维钧与杜勒斯举行会谈。但杜勒斯坚持美国的既定方针，他答复顾维钧说："美国非常急于与日本缔结和约，以便使日本恢复主权并采取保障日本本国安全的措施。美国愿意让'国民政府'参加多边条约，但是由于英国、印度、加拿大、澳大利亚等国坚决反对国民党中国参加，美国感到有必要在这个问题上让步，以使这些国家参加和约。"美国从来是一个只顾自己利益，关键时刻抛弃"盟友"的双重标准奉行者。当顾维钧陈情期望乞求美国改变这一损害中国人民利益的方针时，杜勒斯傲慢地一口回绝："我完全看不出有修改的可能性！"

当看到美国已不可能改变既定方针，台湾当局无望参加"旧金山和约"，顾维钧只好退而求其次，请求杜勒斯："我建议中日双边条约与多边条约同时缔结。"杜勒斯仍然加以拒绝："双边条约与多边条约同时签署不可能。"但为了安抚台湾当局，杜勒斯只允诺"我希望双边条约在多边条约签字不太久后能够签署"。

台湾当局仰美国之鼻息，其生存亦要仰仗美国的军事保护，当然不敢开罪美国。顾维钧是老资格的外交家，但这一次他再也没有当年巴黎和会上拒绝签字的风度了。他唯一所能做的，就是在与杜勒斯会谈之后，于 6 月 11 日电告蒋介石：美、英已决定将中国大陆与台湾排斥于"旧金山和约"之外，关于中国与日本签订双边和约待会后由日本决定。蒋介石闻此消息"至为愤怒"，随即召开海内外新闻记者会，发表声明谴责美、英两国。6 月 14 日，台湾"外交部长"叶公超亦对外发表谈话，说明台湾坚决反对盟国之间有差别待遇，声明："台湾具有与其他盟国立于平等地位、参加签订和约之权，将来对日和约无论采取何种方式，台湾不能接受任何含有歧视性之签约办法。"

但是，台湾真的蒙美国恩准参加"旧金山和约"，就能坚持民族尊严对日索赔吗？没有美国老大哥的同意，敢自作主张吗？现在可以证明，1950 年 9 月中旬，美国政府通过美"驻台代办"同台"外交部"就"和约"问题交换意见。19 日上午，蒋召集高层"行政院长"陈诚、"资政"张群、"外交部长"叶公超、"行政院秘书长"黄少谷、"总府秘书长"王世杰等商讨"对日和约"问题。决定台湾应对措施为：首先由台日双方直接签约，由我收回台湾为最佳；其次是顺应美国冻结台湾法律地位之办法来筹议；三则是台湾暂不缔结正式和约以待以后形势发展而定。蒋介石强调："我们决策可以如此，舆论上仍是坚持开罗会议的决定，台湾地位不允有所改变。"在这次会上，张群公然提出：日本国内目前急切期待签订和约，台湾宜重申宽大（不索赔）意愿。蒋介石居然同意了这个建议。

由此可见，有研究者曾认为，早在 1945 年 8 月 15 日日本投降蒋介石所作抗战胜利文告广播中，已埋下了"宽大"不索赔的伏笔。美国本来就想扶植日本，1950 年 10 月 22 日，台湾"驻美大使"顾维钧将杜勒斯发表的"对日和约""七项原则纲领"传回台湾，其中关于日本战争赔偿问题，美国要求缔约国"应予放弃"。蒋介石是如何应对的呢？与日本签订双边和约能否违背美国"放弃索赔"的纲领坚持对日索赔？

胡适先生生前在美国《外交季刊》上曾发表文章，认为决定中国和亚洲命运的有两个重要的历史事件：抗战前夕的西安事变和抗战即将胜利时的美、英、苏"雅尔塔密约"，后者的签订使中国失去了外蒙古 150 多万平方公里土地和东北利益，而两个事件都与日本侵华有关。那么，更大的牺牲中国人民利益的"日台和约"的签订，不知何故胡适先生却没有提及！

"台日和约"完全牺牲了中国人民的索赔诉求

1951 年 6 月 14 日，美、英两国达成协议，由日本自行选择与新中国或台湾当局签订和约问题。当时，台湾"外交部"对外声明，表示反对。7 月 7 日，日本外务省对外表示，日本不便与台湾签订和约，但同时又表示希望台湾有"适当"人士经常可与吉田首相及外务省保持渠道联系,这似乎给日、台两方签约预留了一个伏笔,但没有美国的同意,日本是不敢擅自做主的。

7月10日,美国插手和约问题,告知台湾参加多边和约(即"旧金山和约")已无希望,而与日本签订双边和约,效力又不及于大陆,所以"是否可由台方声明以现在政府辖区为限",这明显是在告知台湾,如此连签订日台双边条约亦不可能。台湾"行政院长"陈诚、"外交部长"叶公超获知美国态度后,即向蒋介石报告。据说,蒋介石听到美国的态度后,情绪颇为激动,表示决不接受美国的这一立场。

7月11日,杜勒斯与台湾"驻美大使"顾维钧会谈。在会谈中,杜勒斯指手画脚,主张台湾应就台湾现有的地位与日本缔约。顾维钧将杜勒斯的建议向蒋介石汇报后,当天台湾即作出反应,"外交部长"叶公超紧急约见美国"驻台湾公使"蓝钦,表达了台湾的不满。叶公超向蓝钦指出:台湾希望于多边和约稿本增加台日特殊关系的条款,如台湾不能参加多边条约的签订,则台湾应与日本同时签署双边和约,并应与多边条约同时签署;叶公超还要求台美两方对此发表联合声明,否则台湾"宁可不签"。第二天,台湾"外交部"就上述对日和约效力问题发表"抗议声明"。7月13日,台湾"行政院长"陈诚因对日和约交涉失败决定引咎辞职,但未获蒋介石批准。7月16日,蒋介石在圆山召开军事会议,对美国主导下的对日和约表示愤慨。蒋介石认为美国主导对日和约,无外乎以下三个目的:要求日本抵抗苏联、和约签约后美国可撤出日本、台日双方难以合作。次日,蒋介石又召开高层会议,再度表示愤怒,拟准备对外发表"严正声明",以促使美国重新考虑对日和约的立场。但也许是考虑台湾还要倚仗美国的军事援助和保护,蒋介石在其他人的劝说下才悻悻作罢。这份"严正声明"最终未敢公开发表。

8月上旬,日本外务省宣布日本将在台北建海外联络机构,台当局知悉后,即要求美国以和约发起国的地位督促日本尽快与台湾签署台日双边条约。美国"驻台公使"蓝钦向台湾"外交部"承诺:美国将促成日本与台湾签订双方条约。他还建议美国国务院修正"和约草案"第26条的规定,限日本在签署多边条约后,即与台湾签订双边和约。

但美国当时也不得不承认,即使双方签订和约,和约效力范围却是谁也绕不过的问题。当时美国把这一棘手问题推给台湾，希望台湾能提出解决方案。台湾当时犹以"正统"自居，但若坚持对日和约效力包括大陆，必然招致日本反对。美国、台湾、日本这三方实际上都不愿以新中国为签约一方。蒋介石也仍然坚持台日和约应与多边和约同等，台湾决不肯承认效力范围仅及于台澎金马区区一隅，如此宁可缓签。后经几方协调，蒋介石亦盼争取早日促成台日谈判和约问题，于8月15日由台湾"行政院"派董显光为驻日代表团团长。台当局也被迫在美国压力下，在对日谈判中暂不提及和约效力一事。

8月25日，美国驻台代表蓝钦正式代表美国政府通知台湾"外交部长"叶公超，美国愿意促成台日双方谈判双边和约，谈判地点亦改为台北，但须明确和约效力范围问题。面对美国咄咄逼人的压力，台湾当局坚持如果对日和约附加效力范围的条件，将损害台湾"主权"及所在联合国"代表权"，因而不能同意此一"建议"。蒋介石也于8月13日明确表示：双边和约不能附有任何如效力范围等有损台湾"主权"之条件，也坚持"问题的关键在于，如果日本只就台、澎领域与台签订所谓'友好'条约，则'中华民国'就形同领域只在台、澎，无法再主张对大陆的'主权'"。

美国本来就一直在主导对日多边和约，也一直不准备让台湾参加，因而对双边和约也根本不予重视。美国所关心的就是自己一手操纵的"旧金山和约"。9月4日，美国操纵的"旧金山对日和约"开场，不仅中华人民共和国被排斥在外，台湾当局也被一脚踢开，未被蒋介石眼中的"伟大盟邦"邀请参加。9月8日，这一损害中国人民利益的"旧金山和约"，经美国一手包办，日本与美、英等签订条约。苏联等国拒绝签字。直到9月14日，美国杜勒斯正式通知日本外务省：应与台湾缔结和约，否则美国将不批准"旧金山和约"。台湾当局无可奈何之下，除声明外，还由"外交部长"叶公超出面，在接受美国《纽约时报》采访时声明：日本不能与中国大陆签约，否则在日本完成缔约后申请进入联合国时，台湾会以联合国常任理事国身份动用"否决权"否决日本加入联合国。

在美国的一再施压下，日本同意了美国的方案。时任日本首相吉田茂1951年12月24日致函杜勒斯，表示愿与台湾签订和约，认为"中华民国"之一方，应适用于现在"中国民国政府"控制下或"将来在其控制下之全部领土",日本因此愿意迅速与台湾研讨这一方案。蒋介石在得知这一消息后,决定和约可以开始商谈。1952年1月,蒋介石还对"行政院""对日和约小组"下达指示:对日和约内容除"旧金山和约"已有者外,不必另提其他需求。这一点简直令人匪夷所思,"旧金山和约"极大损害了中国的利益,包括战争赔偿问题,"不必另提其他需求"是不是预示着放弃战争赔偿?

这之后,是烦琐的双方条约名称的争议。其间日本还表示"很难接受"台湾准备将"和平条约"解释为"全中国"的条约。争论不休中,未见台湾提出实质性问题。后来还是由于美国的干涉,双方时谈时断,总的来看,日本坚持的意见是与台湾订约,是将其视之为一个地方性政权,而非代表中国全国的政权。蒋介石是一直不愿妥协,但为了促成"台日和约"尽快完成,蒋介石最终决定放弃"旧金山和约"第14条关于劳役赔偿方面的要求。台湾"总统府秘书长"王世杰表示台当局在对日谈判中,对"劳役"一项已决定予以放弃以示"宽大"。经过反复磋商,1952年4月27日,台日双方举行第三次和谈会议,双方达成一致,其要点为:日方接受台方所坚持的"伪满洲国、汪精卫伪政权、伪蒙疆政府存在日本的一切财产同意交由台湾接收"。

"台日和约"主要内容共14条,最主要的内容恐怕就是赔偿问题。"和约"规定,台湾除上述接收伪政权财产条款外,保留处分在中国大陆的日本及其国民财产,但放弃劳役赔偿要求。除正文外,还有换文,其中说明日方同意"和约"适用范围达于现在及将来控制下之"全部领土"。这一立场才是蒋介石最关心的,而不惜以放弃赔偿为代价。至于伪产,本来就属于中国。台日双边"和约"本来可以在赔偿问题上坚持,正如当年当事人顾维钧后来在回忆录中所云:"……至少应该在完全屈服于美国的压力之前,把赔款问题加以慎重考虑。……政府在要求日本赔款问题上,是可以坚持较长时间的。"但终于被放弃,这样不仅美国主导的"旧金山和约"放弃了对日索赔,双边"条约"居然也放弃了对日战争索赔,这其中固然有美国的威逼利诱(主要以军援为诱饵),但蒋介石实在该负有最直接的责任。

1952年4月28日,台湾全权代表叶公超和日本全权代表河田烈在台湾签订"台日双边和平条约"。

▲胡适与蒋介石

蒋介石屈服于美国压力，放弃对日战争索赔

蒋介石对日本战争赔偿问题一直漠不关心，并多次向美国献媚。早在1943年11月开罗会议期间，蒋介石私下就与美国总统罗斯福商议："日本战后给予中国的赔偿中，一部分可用实际财产的方式付给，日本大部分的工业机器及设备中，战舰及商船、铁路机车及车辆等，都可以移交中国。"在这里，蒋介石根本漠视了抗战中伤亡的3500万中国同胞（其中中国军人伤亡380万人），只字未提赔款和抚恤。至于劳工、慰安妇等，他更是置诸脑后。也许罗斯福觉得蒋介石提出的战后索赔条件太廉价了，故表示同意这一建议。

最初，美国制订了运走日本本土绝大部分工业设施作为赔偿的方案，把日本"打回原始的农业国发展阶段"，以防止日本东山再起。美国从来就有自己的利益标准，当时只不过将中国作为美国在远东的战略基地，故而支持中国索赔。但是，美国主导的冷战格局形成后，使美国所扶植的对象由蒋介石改成了日本。继而蛮横决定中止对中国的战争赔偿，虽然当时中国、菲律宾等一再抗议，美国并不理睬。日本当时的首相吉田茂兴高采烈，在记者会上公开放话：日本之国际地位已渐次提高，美国停止日本赔偿之决策，是为明证。

实际上，1949年蒋介石退据台湾，已濒临被美国无情抛弃的境地。美国于1950年9月发表"对日媾和七原则"，自作主张表示放弃赔偿的"权力要求"。蒋介石为挽救自己困境，不惜卑躬屈膝迎合美国，在向杜勒斯递交的对美国七原则的答复中竟无耻地声称：在其他国家同样放弃赔偿的条件下，"中华民国"可以放弃赔偿要求！

1951年，美国操纵主导的"旧金山和约"，悍然宣布盟国及国民放弃对日本的一切战争赔偿要求。在美国的纵容和支持下，日本在与台湾谈判中，竟然连"劳务补偿"也不愿向台湾提供。本来台湾为了遮羞，谈判代表叶公超还坚持要求将劳动补偿问题写入"和约"中，声称"我方如放弃服务补偿，则将来'返回'大陆后，将无以对全国国民"。

但台湾害怕逆美国人的意愿，害怕失去和日本签约的机会，为表示"最高度诚意"，"自愿放弃'劳动补偿'之要求"。但为了遮羞，竟然乞求日方："如上述拟议为贵方所接受，其表达方式须由贵方承认有赔偿义务，并愿将'劳务补偿'给予我方，我方于收悉后，主动予以放弃。"可是日本连这点面子也不给，拒绝了台湾的恳求。日方诡辩的理由是：日本虽然应向中国人民赔偿战争损失，但受日本侵略之害的是中国大陆人民，而中国大陆现在是由共产党控制，所以日本不拟同台湾讨论此一问题。这无疑给了蒋介石一记响亮的耳光！

台湾只剩下了无奈、懦弱，日本逃避了战争赔偿，而且还不负任何道义责任！在"日台和约"的条款中，通篇看不到"赔偿"的文字，也看不出战胜与战败的道义，只有："为对日本人民表示宽大与友好起见，'中华民国'自动放弃根据"旧金山和约"第十四条甲项第一款日本所应供应之服务之利益。"连因为战争赔偿的"劳务赔偿"字样都不敢写上，这与李鸿章之流简直有过之而无不及。根据"旧金山和约"就因此洗刷掉媚外屈膝的耻辱了吗？

▲蒋介石于1943年11月手令行政院成立抗战损失调查组织机构

"日台和约"签订后，日本当然非常满意，既不负道义责任，又不花一分钱，所以谈判全权代表河田烈就"中国"放弃战争赔偿条款向蒋介石致以谢意，蒋介石居然大言不惭地胡言：

87

"那是当然的，中日两国关系与其它国家不同。"蒋唯恐辞不达意，竟然还信誓旦旦地向河田烈声称："中国"不会"以严厉条约加诸日本"。

应该说，蒋介石放弃对日索赔是深思熟虑的。一方面固然屈服了美国的压力，脊梁挺不起来；另一方面还是他出于消灭共产党的策略。1945年日本战败，蒋介石就在胜利文告中公开宣布"不念旧恶""以德报怨"。1949年，蒋介石与菲律宾总统特使讨论日本战争赔偿一事，连菲律宾都准备索赔80亿美元，继而问中方准备索赔多少数额，蒋介石却避而不答，囫囵地说，"引起这次大战的是日本军阀，不是日本国"，"让日本国民担负赔偿的责任是绝不公平的"。他居然还指责菲律宾的正义索赔诉求："80亿美元的赔偿加诸战后国民，如同剥杀日本全体国民的生命，在赤色帝国主义虎视眈眈的时候削弱日本，绝不是为了亚洲安定和平的上策，必须在亚洲形成未来强有力的防共国家。"也许蒋介石话里有话，1949年5月19日，中国、菲律宾等国在远东委员会向美国提出抗议，表示美国停止日本赔偿为弱视，并且危及太平洋未来和平。言犹在耳，蒋介石有什么权力批评菲律宾正当的索赔诉求？蒋介石也许忘

▲蒋介石、罗斯福、丘吉尔、宋美龄（前坐从左至右）在开罗会议上

了：按照第一次世界大战赔偿先例，政府损失可以放弃，但人民财产损失则必须赔偿。日本至今还在向当年侵略中国的士兵及遗属发放补偿，并向遭受日本侵略的东南亚诸国如韩国、菲律宾等作出各种形式的补偿，唯独对中国一文不予！蒋介石如此做法更助长了日本的气焰。在1972年中日恢复邦交，讨论两国政府联合声明时，日本外务省条约局长高岛居然声称：日本战争赔偿问题在1952年'日台和约'中已经解决，因而不存在中国放弃什么战争赔偿问题。此一厥词当即遭到周恩来严厉批驳："当时蒋介石已逃到台湾，表示所谓放弃赔偿要求，那时他已经不能代表全中国，是慷他人之慨。我们是从两国人民的友好关

▲民国时期著名外交家顾维钧，晚年任台湾"驻美大使"

系出发，不想使日本人民因赔偿负担而受苦。……而高岛先生反过来不领情，说蒋介石说过不要赔偿，这个话是对我们的侮辱。我这个人是个温和的人，但听了这个话，简直不能忍受。"我想，岂止是周恩来，每一个听到这个话的中国人都不能忍受这一侮辱！

不知蒋介石是否知道，20世纪50年代日本与台湾签订"和约"时，曾敷衍日本侵略的受害者是中国大陆，所以应向中国大陆人民赔偿。但当20世纪70年代与中国大陆谈判建交、签订和约时，又利用中国领土尚未统一而再次逃避了战争赔偿！

"日台和约"签订后，1952年5月5日，中国外交部长周恩来发表严正声明，不承认"日台和约"，不放弃对日本战争索赔权利。

美国欲行遏制共产主义，纵容、扶植日本，不仅一手操办了中国放弃对

▲蒋梦麟（右一）与顾维钧（左一）两对夫妇

日索赔，对美国自己被日本虐待、俘去的战俘，至今也不予赔偿和理睬！

二战中异常惨烈的菲律宾"巴丹血战"，7.8 万美、菲士兵向日军投降。随后冒酷暑在丛林中步行 65 英里前往卡帕斯日军战俘营，中途共有 1.5 万战俘倒毙！"巴丹死亡行军"是二战中最残忍的虐俘事件之一！幸存者随后被运往日本服苦役，至二战结束，共有 1115 名美军士兵死于虐待、疾病、劳累或被处死。

美国政府早在 1943 年即知悉"巴丹死亡行军"事件，1944 年被媒体公布，引起美国民众的极大愤怒。但 1951 年美国为使日本成为反共前哨，签订对日和约，不再清算日军虐俘问题（包括"七三一"细菌部队使用美军士兵做活体试验也不再起诉），并且不再向日本索赔。

1999 年，巴丹美军战俘幸存者首次起诉日本要求赔偿，但 4 年后美国法院竟然撤案。时至今日，不仅日本拒不道歉，连美国政府都采取消极态度。一个只顾自己称霸世界的政府，一个只顾及肮脏的政治交易的政府，对自己士兵的利益都置若罔闻，又怎么会考虑他国人民的索赔诉求呢？

记得当年台湾历史学家许介鳞先生曾满腔悲愤地抨击蒋介石放弃战争索赔：日本之富国强兵，资金来自中国付给之二亿三千万两赔款。

孤悬海外的隐痛
——未曾收回钓鱼岛

　　一年一度的抗战胜利纪念日总会引起人们的回忆。日本右翼在钓鱼岛、历史教科书、南京大屠杀、劳工、慰安妇等问题上，一次又一次向中国人民挑衅。中国人民在这一大是大非问题上，绝不可等闲视之。

　　虽然，中国历代都有讨伐倭寇和对日本侵略的自卫战争，但20世纪30年代至40年代，中国人民的抗战是自人类文明史以来最悲壮、最惨痛、最坚韧的反抗亡国亡种的战争，中国人付出了最巨大的代价，牺牲了3500万人（据统计，二战中同盟国、轴心国共死亡9000多万士兵和平民），损失了5000亿美元，时间跨度14年，居世界反法西斯各国之首。而且，中国的抗战在1931年"九一八"至1941年太平洋战争爆发共10年的漫长岁月，没有任何国家给予真正意义上的援助（前期苏联曾予以少量军援，1942年后美国才开始予以支援，中国抗战军火80％竟一直由德国提供）。中国的抗战为世界反法西斯战争的胜利作出了巨大贡献，诚如当时二战三巨头的评价——罗斯福说："假如没有中国，假如中国被打垮了，你想有多少个师团的日本兵，可以调到其他方面来作战，他们可以马上打下澳洲，打下印度……"丘吉尔说："如果日本进军西印度洋，必然会导致我方在中东的全部阵地崩溃。能防止上述局势出现的只有中国！"斯大林也不得不承认：

▲1969年，日本八重山岛公所擅自在钓鱼岛上立水泥标柱，并升旗涂写标语

"只有当日本侵略者的手脚捆住的时候，我们才能在德国侵略者一旦进攻我国的时候避免两线作战。"西方学者和媒体一向漠视中国抗战的伟大意义，但现在也开始正视了，如英国权威历史杂志《今日历史》曾载牛津大学中国研究专家米特博士之文《铭记被忘却的战争》，严肃指出："在战争结束60年后，我们应该为对这场战争（指中国抗战）知之甚少而深感惭愧。"英国《卫报》发表《我们不能忘记我们在二战中是如何获胜的》一文指出：如果不是中国付出数千万人牺牲的代价，在亚洲战场拖住日本，日本就会在中国战场胜后进攻苏联，控制太平洋地区。没有亚洲盟国的抵抗，西方盟国将会付出更大的牺牲。但是，中国人民在付出了惨痛代价之后，不仅没有得到应有的赔偿（只有战后国际赔偿委员会赔给中国区区2400万美元、8艘破旧军舰。日本百般抵赖后被追索回117箱善本图书），而且本来应该属于和应该归还中国的财物和土地，也令人痛心地失去了。当时的中华民国政府和以后的中华人民共和国政府，都没有得到日本一分一厘的战争赔偿（日本在战后向韩国及东南亚国家都做了战争赔偿）。而且，伤害中国人民的日本，以及当时中国的同盟国，至今也没有以实际行动哪怕是口头上的道歉、忏悔来抚慰中国人民的伤痛。

现在，人们可能早已淡忘1945年9月2日，在"密苏里号"军舰上，国民党军委会军令部长徐永昌上将，在代表中国政府接受日寇投降的仪式上，向在场的美、英、苏、法等 10 多个国家的受降代表说出的掷地有声而意味深长的一番话："今天每一个代表的国家，也可同样回想过去，假如他的良心告诉他有过错误，他就应当勇敢地承认过错并忏悔！"徐永昌的发言经过岁月的流逝，已经悠悠 68 年，但是至今还没有谁能够"勇敢地承认过错并忏悔"！

面对未来的前提是勿忘历史、正视历史！我们中国人不可忘却自己的民族所受过的苦难和惨痛的损失！

日本窃据我国神圣领土钓鱼岛

最应该向中国人民道歉、忏悔和作出赔偿的是日本，从甲午战争以来，日本军国主义给中国带来了深重的灾难和耻辱。二战后中国收回了被日本割去和肢解的东三省、台湾、澎湖列岛等领土，但令人痛心的是，中国的神圣领土钓鱼岛及其附属岛屿至今孤悬海外，没有回到祖国母亲的怀抱。

在小泉参拜靖国神社前夕，日本右翼鼓噪攻击国民党主席马英九，因为马英九在钓鱼岛问题上是持强硬态度的，他当年就是以研究有关钓鱼岛问题而获得的博士学位。在钓鱼岛主权问题上，海峡两岸人民是没有异议的。1978 年，中日两国政府签订《中日和平友好条约》并建立外交关系。当时中国政府总理周恩来除代表中国在日中联合声明中主动放弃战争赔偿权外（战后日本是极力向亚洲其他国家支付赔偿款的），还与当时的日本首相田中角荣代表双方各自政府同意，暂时搁置钓鱼岛主权争议。但日本长期以来一直不遵守诺言，采取各种非法手段妄图将钓鱼岛永久窃据。2003 年，日本政府为造成既成事实，又企图以"租

▲1969年，日本八重山岛公所擅自在钓鱼岛上立水泥标柱，并升旗、涂写标语

▲内地和香港保钓人士至钓鱼岛升旗归来

借"方式，从日本国民手中获取对钓鱼岛的"管理权"；日本右翼分子还猖狂地登上钓鱼岛，向中国人民示威。近年来，日本政府还多次派出水上舰艇，拦截中国大陆和香港保钓组织的船只，并造成我人员壮烈牺牲。1998 年 6 月日本自卫队舰船还撞沉了我保钓船"钓鱼岛号"。

中美建交前，美国非法移交列岛

钓鱼岛的主权归属其实并不复杂，主要是因为美国插手、日美勾结，才使得钓鱼岛被日本窃占。本来，按照 1943 年 11 月中、美、英三国在《开罗宣言》中宣告的"三国之宗旨，在剥夺日本自 1914 年第一次世界大战开始以后，在太平洋所夺得或占领之一切岛屿。在使日本所窃取于中国之领土，例如满洲、台湾、澎湖列岛等，归还中国"，钓鱼岛应毋庸置疑、无条件地归还中国。其中"一切岛屿"亦应包括琉球。1945 年，《波茨坦公告》又重申了《开罗宣言》中这一极为重要的宗旨："开罗宣言之条件必将实施。"可惜，1945 年日本被迫无条件投降后，这一应"必将实施"的"无条件归还中国"的钓鱼岛，却因当时的中国政府的无力外交，而没有及时、迅速地归还中国。按照罗斯福的构想，琉球群岛亦应归属中国，但因蒋介石的麻木不仁和罗斯福的逝世，这一问题被延误。

美军在日本投降后一直控制着琉球群岛，1950 年在吞并关岛之后（关岛原住民为查莫洛人），美国与日本竟背着中国政府于 1951 年 9 月非法签订"旧金山和约"，第三条规定美国政府有权对琉球群岛"行使一切行政、立法及管辖权力"。表面上打着联合国旗号，实际上等于是由美国来托管。中国政府当即声明不承认此"和约"。但即使如此，美国政府也没有像对关岛那样声明对琉球群岛和钓鱼岛拥有主权，更没有明确日本对此拥有主权。

1952年2月29日、1953年12月25日，琉球列岛美国托管当局先后发布第68号令（《琉球政府章典》）和第27号令（关于"琉球列岛的地理界限"的布告），擅自扩大托管范围，将中国领土钓鱼岛非法划入托管范围之内，受到中国政府的坚决反对。

20世纪60年代以后，美国的海洋勘测人员发现钓鱼岛一带海底是世界上油气储藏最为丰富的地区之一。这一震惊世界的发现，使资源匮乏、极度贫油的日本，立刻产生了非分之想，开始图谋向美国索要本不属于日本的琉球群岛，借此一箭双雕，将钓鱼岛攫为己有。当时美国一方面留恋琉球群岛的战略位置，一方面与苏联争夺霸权，而无暇顾及日本的索要。但在中美建交前夕，为了冷战和离间中日的需要，美国预埋了钓鱼岛这枚棋子。1968年，尼克松擅自宣布将美国接受联合国托管的琉球群岛"施政权"交与日本，同时竟擅作主张附带把钓鱼岛的"施政权"一并"归还"日本。1971年6月17日，日、美两国私自达成所谓"归还冲绳"（即琉球群岛）的协议，签署《关于琉球诸岛及大东诸岛的协定》。同年5月1日《人民日报》再次发表评论员文章，重申："中国对钓鱼岛等岛屿的主权，不容任何人侵犯。"12月30日，中国外交部发表严正声明："美、日两国政府在'归还'冲绳协定中，把我国钓鱼岛等岛屿列入'归还区域'，完全是非法的，这丝毫不能改变中华人民共和国对钓鱼岛等岛屿的领土主权。"台湾当局对美、日私相授受的行为也表示坚决反对。姑且不论将琉球群岛交与日本是否合理，但美国也承认交给日本的只是钓鱼岛的"行政权"。可见，当时敌视中国的尼克松政府也未敢将钓鱼岛的主权模糊。美国政府不得不在1971年10月表

▲ 日本海保厅船只悍然拦截我保钓船

示"不能因为归还给日本施政权而削弱其他要求者的权利"。11月，美国国务院也发表声明，表示在领土主张中，美国将采取中立立场。

这就铁一般证明，钓鱼岛主权自古即属于中国，即便是仇视中国的人也不敢公开否认。

钓鱼岛自古属于中国，中国最早发现和命名

钓鱼岛是我们的祖先开疆拓土的珍贵资源，我们可以毫不犹豫地宣称：钓鱼岛及其附属岛屿是中国人最早发现和命名的！从地图上看，钓鱼岛等岛屿位于我国台湾省与琉球列岛（今日本冲绳）之间的海域，距台湾基隆最近，仅距102海里，往西距中国福建省的福州为230海里（东距琉球群岛亦为230海里）。

钓鱼岛及其附属岛屿由钓鱼岛、黄尾屿、赤尾屿、北小岛、南屿、飞屿等岛礁组成，总面积约5.69平方千米。钓鱼岛位于该海域的最西端，面积约3.91平方千米。黄尾屿面积约0.91平方千米，为该海域第二大岛。

▲保钓英雄陈毓祥烈士

琉球中山王察度在中国明朝洪武五年（1372年）接受明朝皇帝朱元璋册封，正式成为中国最亲密的藩国。从此之后，宗藩两地的官员和平民开始连续不断的友好交往。正是由于与琉球的来往，中国人发现和命名了钓鱼岛。

成书于公元15世纪初即明朝永乐元年（1403年）的《顺风相送》一书，是一本航海手册，是据以前的古本校订、整理而成，其中即明确记述了中国人自福建前往琉球途中所经过的钓鱼屿、赤坎屿（即赤尾屿）等岛屿的名称。可见早于此之前，我们的先人就已发现了钓鱼岛。

日本一直图谋否认中国对钓鱼岛的主权，还自己为它起了一个怪里怪气的名字："尖阁列岛"。但日本忘记了自己国家的史料中也明明白白记载着钓鱼岛自古以来即属于中国。日

本自己绘制的地图也明确表示钓鱼岛属于中国。如清乾隆五十年（1785年），日本天明五年，日本人林子平所刊行《三国通览图说》及附图《三国通览舆地路程全图》，钓鱼岛的颜色与中国大陆是相同的。而中国早在明代万历七年（1579年）即已将钓鱼岛列入中国版图（明册封使萧崇业《使琉球录·琉球过海图》）。其他如明崇祯二年（1629年）《皇明象胥录》、乾隆三十二年（1767年）《坤舆全图》、清同治二年（1863年）《皇朝中外一统舆图》等均将钓鱼岛列入中国版图。19世纪欧美编制出版的地图也均将钓鱼岛列入中国版图，如1809年法国地理学家拉比等绘《东中国海沿岸各国图》、1811年英国出版《最新中国地图》、1859年美国出版《柯顿的中国》、1877年英国海军编制《中国东海沿海自香港至辽东湾海图》等等。可见当时欧美大国对钓鱼岛属于中国均无异议。至于有的谈论认为钓鱼岛自古属琉球，完全是一派胡言。

中国自己的典籍记载很多，中国地域辽阔，与很多国家建立了宗藩关系。由于中国封建王朝的"华夷之辨"的正统思想，对这方面的史料往往不予重视，致使遗失甚多。例如，中国明代嘉靖年以前，中国共派往琉球11任册封使，可惜具体史料湮没无闻。所幸明嘉靖十三年（公元1534年），第12任册封使陈侃所著册封闻见《使琉球录》中仍保留下了珍贵的史料。据他所记：嘉靖十三年五月八日，册封使团奉旨自福建神州梅花所出洋，经台湾鸡笼头（今台湾基隆）向东航行。十日即"过平嘉山（台湾东北彭佳屿），过钓鱼屿，过黄尾山，过赤屿，目不遐接"。"十一日夕，见古米山，乃属琉球者"。陈侃所云"古米山"即琉球的久米岛。由陈侃所述可知，当时钓鱼岛并不属琉球。明嘉靖四十一年（1562年），出使琉球的册封使郭汝霖的日记《使琉球录》更明确了钓鱼岛的归属："闰五月初一日，过钓鱼屿。初三日，至赤屿焉。赤屿者，界琉球地方山也。再一日之风，即可望姑米山矣。"这已明确指出：中国和琉球的分界在钓鱼岛与姑米山（古米山）之间。赤屿（赤尾屿）即是中国与琉球分界的最外沿。明朝册封副使谢杰所著《琉球录撮要补遗》（1579年）载："去由沧水水黑水，归由黑水入沧水。"另一位册封使夏子阴著《使琉球录》（1606年）亦载："水离团水沧，必是中国之界。"均证明钓鱼岛、赤尾屿属中国，久米岛属琉球，分界线在赤尾屿和久米岛之间的黑水沟（今冲绳海域）。白纸黑字，极其分明。另外，从陈、郭等人的记载来看，中国人早在600多年前即已命名钓鱼屿、黄尾屿（黄尾山）、赤尾屿（赤屿）这些岛屿的名称。在中国发现和命名之后，琉球、日本等才开始流传沿用。日本煞费苦心想"去中国化"是枉费心机的。直到1995年2月，日本防卫厅在向其众议院预算委员会提交的报告里，仍然在使用"黄尾屿""赤尾屿"这些中文名称。

清朝入主中原，承袭明制，所有的藩国按照传统，继续奉清朝为正朔。琉球是当时与清朝保持最密切的宗藩关系的藩国之一。康熙二十二年（1683年），清朝第二任册封使汪楫在其著《使琉球杂录》（1683年）中载：六月廿四日"酉刻，遂过钓鱼屿"，二十五日"薄暮过郊，风涛大作，投生猪羊各一，泼五斗米之粥，焚纸船，鸣钲击鼓，诸军皆露刃，伏舱作御敌之情，久之始息。问：'郊之义何取？'曰：'中外之界也'。"杂录中所云之"郊"，即今位于台湾与琉球之间，水深2000米的琉球海沟，因其处水深浪急、黑潮汹涌，古人称其为"黑水沟"，亦简称为"沟"。这在乾隆二十一年（1756年），清朝册封琉球副使周煌所著《琉球国志略》（1756年）中亦云：琉球"环岛皆海也，海面西距黑水沟与闽海界，福建开洋至琉球，必经沧水过黑水"。从以上中国册封使节的著述中可以看出，中、琉分界即在琉球海沟，这不仅是对明代中国典籍的强有力的补充，而且我们由此还得知：中国当时船队出国界要举行祭祀仪式，而钓鱼岛明明白白在中国版图之内，明、清两代的册封使们在驶过钓鱼岛时，用了简洁、明确的语言，一个"过"字——因为那是中国的岛屿，属于中国的版图。

琉球也从不讳言钓鱼岛属于中国。康熙五十八年（1719年），清朝册封琉球副使徐葆光与琉球紫金大夫、地理学家程顺则等合著《中山传信录》附录《琉球三十六岛图》，亦明示钓鱼岛与福州、台湾群岛一样列属中国版图。从福建到琉球，经花瓶屿、彭佳屿、钓鱼岛、黄尾屿、赤尾屿，"取姑米山（琉球西南方界上镇山）、马齿岛，入琉球那霸港"。说明钓鱼岛既不属于琉球，更不属于日本。即使琉球内部亲日派领袖、琉球国国相向象贤，于清顺治七年（1650年）监修的琉球国第一部官方正史《中山世鉴》也全文引录陈侃《使琉球录》，对钓鱼岛的主权未有任何疑义。在这部琉球国史中，明确指出"古米山"（即今久米岛）为琉球领土，而"赤屿"（即今赤尾屿）及其以西则非琉球领土。

中国在明代即对钓鱼岛行使主权

一个国家对其领土、领海或岛屿宣示主权，并非仅发现和命名，还须行使主权。

中国人不仅发现和命名了钓鱼岛，而且在明朝初年即已将钓鱼岛视为东南海防要地，并开始行使主权。在此之前中国东南沿海的商贾渔民早已将其作为航行标志。中国官方明清两代共向琉球派遣册封使节23批，也均以钓鱼岛为行船标识。据现有史料载，洪武初年，明朝水师已将钓鱼岛定为巡逻区域。明洪武七年（1374年），倭寇不自量力，开始掠侵中国沿海，明太祖朱元璋震怒之下，命靖海侯吴祯率各路水师，"追寇至琉球大洋，与战，擒其魁十八人，斩首数十级，获倭船十余艘，收弓、刀、器械无算"。明嘉靖四十一年（1561年），平倭名将、闽粤总督胡宗宪亲自主持编修《筹海图编》，其中《沿海山沙图》中，将钓鱼屿、黄毛山（黄尾屿）、赤屿等与福建沿海的鸡笼山、彭加山、花瓶山等共同排列，作为明朝海防的警卫区域。至明末，由于倭寇屡犯我海防，东南海疆频频告警，因而钓鱼屿、黄毛山、赤屿等处，已成为明朝水师的海防前线了。

明万历三十三年（1605年）徐必达等绘《乾坤一统海防图》，明天启元年（1621年）茅元仪绘《武备志·海防二·福建沿海山沙图》，均将钓鱼岛等岛屿列入中国海防范围。我们现在所看到的当时刊刻的兵书海图如《乾坤一统海防全图》《武备秘书》《武备志》等对钓鱼岛均有标注。清初入关，全国尚未统一，清朝无暇顾及。待平定三藩和收复台湾后，于康熙二十二年（1683年），清朝即将钓鱼岛列入福建水师巡逻区域，而且明确标明已置于台湾地方政府行政管辖范围之内。清代《台湾府志》等官方志书均详细记载了台湾地方政府对钓鱼岛的管辖状况。清朝很重视钓鱼岛的战略位置，康熙六十一年（1722年），黄叔所撰《台海使槎录》"武备"条特别强调："山后大洋北，有山名钓鱼台，可泊大船十余。"黄叔是清廷特派专使，司巡视台海之责，他注意到了钓鱼岛的重要性，因而特意向朝廷提请重视。之后，福建地方政府编汇的《台湾府志》，也将黄叔对钓鱼岛的上述文字收录在"海防"卷中。我们现在所见到的当时世界最早、最全面完整的亚洲大陆全图——《乾隆内府舆图》（藏中国第一历史档案馆），将钓鱼岛标识为中国领土，从这幅全图中可以清晰地看到：钓鱼岛的颜色与中国大陆、台湾完全一样。《乾隆内府舆图》是皇帝钦定、收藏于大内的国家最高级、最权威的官方舆图，表明了清朝中央政府对万里之遥汪洋大海中的弹丸岛屿的极端重视，所谓"普天之下，莫非王土"，中国自明、清以来，对钓鱼岛从未等闲视之。直到清同治十年（1871年），陈寿祺等人编刊的《重纂福建通志》卷八十六仍将钓鱼岛列为海防"冲要"，行政上隶属于台湾府噶玛兰厅（今台湾省宜兰县）管辖。

有关钓鱼岛的史料颇多，铁证如山，姑不再引。

日本在甲午战争后窃占钓鱼岛

日本对钓鱼岛的觊觎始于明治维新之后，特别是公元1879年日本灭亡吞并中国的属国琉球，始而膨胀领土扩张的野心，开始处心积虑地密谋将钓鱼岛从中国版图上肢解出去。

清光绪十一年（1885年），日本内务卿山县有朋密谕冲绳（原琉球）县令西村舍三，可勘察钓鱼岛并竖"国标"，为日后侵占钓鱼岛做准备工作，西村等奉命勘察之后，知钓鱼岛确属中国领土，而有所忌惮，故向山县禀报："此次欲援大东岛之例，着勘察之后即行竖立国标，实恐未为妥善。"而此时，中国察觉到日本的不轨，中国舆论纷纷揭露日本的鼠窃狗盗之举，清朝政府亦采取措施，不仅积极开发台湾，而且加强整顿海防。日本当时军事力量还不足以与中国抗衡，对中国还有所畏惧，故时任日本外务卿的井上馨始决定，"建立国标之事，须俟他日适当时机"，对钓鱼岛的侵占阴谋遂偃旗息鼓。此后，冲绳县地方政府中的扩张分子曾多次叫嚣，欲将钓鱼岛列入冲绳县管辖，并设所谓"国标"。但心有畏惧的日本政府均以时机未到为由，不予批准。此时的日本虽有觊觎之心，但未有超过中国的实力，故暂时罢手，而并非放弃了侵占钓鱼岛的阴谋。

此后，日本开始整军备战。光绪二十年（1894年）七月，日本借口朝鲜内政（其实朝鲜亦为中国藩属），发兵侵朝、侵华，清朝海陆军相继失利，那拉氏下旨求和。日本内务大臣野村靖见已占上风,遂以"今昔情况已殊"为由,立即向外务卿陆奥宗建议,将钓鱼岛一事提交日本内阁会议审定。

1895年1月14日,日本内阁挟甲午战事之余威,竟通过所谓"决议",将中国领土钓鱼岛攫为己有,这种卑劣行径是那样阴暗,以至于趾高气昂的日本也不敢大张旗鼓地宣示,只能像偷鸡摸狗一般进行。此时距那拉氏将钓鱼岛等"赏给"盛宣怀还不到一年,距4月17日中日《马关条约》签订还不到3个月!可见日本侵吞中国领土急不可待的强盗行径。

当时负责中国外交的是李鸿章,他应对钓鱼岛被肢解出中国版图负有不可推卸的责任。《马关条约》的签订使台湾、澎湖列岛从中国母亲的怀抱被肢解出去,叶赫那拉氏更负有负罪千秋的责任。

在此之前,清朝在对列强侵华作战中的失利,大都是赔款、租地、开放港口等,从来没有像甲午战争这样将台湾等领土割让。那拉氏"量中华之物力,结与国之欢心""宁赠友邦,不与家奴"的卖国外交思想,也许就是从此形成的。也许她还会暗暗庆幸,比起列祖列宗割让给沙皇俄国150万平方公里的中国土地,她还算持家有方吧!

二战结束后,中国是有机会收回钓鱼岛甚至琉球的。如前所述,当时美国剥夺了日本对琉球、钓鱼岛的管辖权,中国作为二战最主要的同盟国之一,又是联合国常任理事国,莫说赔偿,收回钓鱼岛真是天经地义。但可惜,当时蒋介石顾及"心腹之患",筹虑于内战消灭中共,而将领土问题置之不顾,未能高瞻远瞩以外交手段收回钓鱼岛,致使钓鱼岛至今孤悬,蒋介石应负有历史责任。

日本没有资格在钓鱼岛问题上聒噪,因为这是中国固有的、毫无争议的、无可置疑的神圣领土。

1958年,中国政府发表领海声明,宣布台湾及其周围各岛属于中国。

1992年颁布《中华人民共和国领海及毗连区法》,明确"台湾及其包括钓鱼岛在内的附属各岛"属于中国领土。

2009年颁布《中华人民共和国海岛保护法》。据此于2012年3月公布了钓鱼岛及其部分附属岛屿的标准名称。

2012年9月10日,中国政府发表声明,公布了钓鱼岛及其附属岛屿的领海基线。9月13日，中国政府向联合国秘书长交存钓鱼岛及其附属岛屿领海基点基线的坐标图和海图。

中国一直没有停止在钓鱼岛保持经常性的存在并进行管辖。中国海监执法和渔政执法船坚持在钓鱼岛海域巡航执法和护渔。

全体中华儿女捍卫国家神圣领土的决心和意志坚定不移，正如台湾终将会回到祖国怀抱一样，日本所窃据的钓鱼岛也必将结束孤悬海外的岁月，最终回归中国版图。

回顾钓鱼岛的历史，我们永远不会忘记为发现钓鱼岛贡献出生命、汗水的先民，永远不会忘记那些为了保卫祖国领土日夜巡逻、驱逐倭寇的明清两代水师将士，更不会忘记了保卫钓鱼岛流尽碧血的陈毓祥等保钓烈士。

远瞩汪洋万里之遥的钓鱼岛，祖国母亲坚定而温柔的目光会透过惊涛骇浪、迷雾腥风，永远注视着她……

一寸山河一寸金
——未能及时收回香港

也许很多中国人并不知道，被英国强行割去的中国领土香港，早在抗战胜利结束之后就应该回到祖国的怀抱，只是由于美国、英国的阻挠，蒋介石政权的软弱无能，才致使香港整整迟到了52年才回归祖国！

英国在近代给中国遗留了最棘手的问题

美国在二战结束后，以"霸主"地位主导西欧事务，阻挠中国索赔，牵制香港回归中国。日本不用说，以被占领国的卑下，事事服从美国，一切看美国脸色行事。池田大作在《新人间革命》一书中谈到，1975年池田大作访问美国与基辛格在白宫会晤，归来向大藏相大平正芳汇报时说："这次去，和基辛格国务卿进行了会谈，长官认为，中国和日本，绝对应该签署和平友好条约了，这是他的意见。"日本的政治人物对美国国务卿称"长官"，可以窥见战后日美之间的特殊关系。"旧金山和约""日台和约"都是美国主导下的产物。英国虽然在二战中衰落，一直仰仗美国，但在对中国的态度上，甚至比美国还要恶劣。香港问题若无美国撑腰，英国岂能继续强占！

在二战后，美、英和中国形成了盟国关系，但英国一直藐视中国，根本

▲20世纪60年代的香港

▲20世纪60年代的香港

不承认中国的大国地位。

从历史上看，英国是最早侵略中国、力主瓜分中国，给中国人民带来巨大灾难和痛苦，给中国遗留下最棘手问题的殖民主义国家。仅仅火烧圆明园，就已经给中国人留下了永不磨灭的奇耻大辱！

早在清朝乾隆年间，英国就妄图打开中国的大门，派遣嘎尼马尔使团访华，提出种种不合理的要求，理所当然受到乾隆的严辞拒绝！而今日，某些中国的学者，竟然胡说乾隆拒绝英国"失去了开放的机会"，这是何居心？难道中国就应该向侵略者打开大门任其宰割吗？

"西藏问题"是英国插手的产物。1904年，英国殖民军队以武力占领拉萨，十三世达赖被迫逃亡内地。在侵略者气焰下威逼签订的所谓"拉萨条约"，如同插在中国后背上的一把利刃，造成了达赖和班禅的分裂、藏族和汉族的不和，给中国各族人民带来了长期的痛苦和创伤。英国的目的很明确：就是要将中国的领土西藏分裂出去。时至今日，英国一些政界人物还在支持十四世达赖分裂祖国的活动。在中国人民全力抗震救灾之际，英国居然执意邀请达赖访问，英国议院下院外委会还举办所谓的"中国人权问题听证会"（2008 年 5 月 29 日全国人大负责人就此事发表谈话表示强烈愤慨），是可忍孰不可忍！

1840 年以来的两次鸦片战争、八国联军侵华，都是在以英国为首的西方列强勾结下进行的。英国不仅企图把中国许多边疆地区分割出去，而且图谋肢解中国。直至新中国建立后，与若干邻国的边界划分时的遗留问题，都与英国有关。中缅边界问题也是英国侵略造成的问题，不仅致使几十年两国边民陷入纷争的痛苦和灾难，而且最终中国失去了本来属于自己的领土。中缅间有2000 多公里边界，有三段存在争议，都是英国占领缅甸后造成的（西双版纳本拥有 12 个版纳，清朝将一个版纳勐乌、乌德割让给法国）。《勐海县志》载：中缅勘界始于清光绪二十四年（1898 年），依据是光绪十二年（1887 年）中英两国在伦敦签订的《中英缅甸条约》。而在此之前的 1897 年，英国即以"永租"之名逼迫清朝，取得了 250 平方公里的猛卯三角地区的管辖权。英国犹嫌不足，在勘界之后，英国多次向中国境内偷移界碑，妄图改变边界走向，甚至居然想移至打洛江边。虽遭边地爱国人士多次阻止，但清廷软弱，无力制止。1911 年年初，英国干脆使用武力侵占中国片马地区，虽然后来被迫承认片马、岗房、古浪三处各寨属于中国，但实质并未归还。1915 年，中国政府代表至打洛与英国殖民当局会晤，约请我方上层和百姓，逐一点出界碑原址，但问题并未解决。1941 年，卑鄙的英国乘人之危，利用中国抗战急需运输的生命线滇缅公路为要挟，迫使国民政府划定了一条对英殖民当局有利的边界——"1941 年界"。1956 年中缅开始解决边境问

▲鸦片战争以后，随着帝国主义侵华的逐渐加剧与清政府的日趋衰朽，西藏地区也遭到英帝国的武装侵略，这是被英军俘虏的藏兵

题。基于国际环境，中国先承认"1941 年界"，并将该线以西的中国军队撤回。中方提出应确定归还中方猛卯三角地区，比之按"1941 年界"划归缅甸的班洪和班老部落的管辖区，在面积上要大，但中方愿以前者换后者，这是考虑猛卯归中国，缅方交通不便。另双方还同意按"1941 年界"应划归缅方的两寨划归中国，应划归中方的四寨划给缅甸，使这些骑线村寨不再为边境所分割。1960 年 10 月，中缅签订《中缅边界条约》。

这些问题在清代都不是问题，正是由于英国的蓄意侵占，不仅此后成为长期棘手的问题，也使中国的领土因此丧失。

被中国历届政府坚决不承认的所谓"麦克马洪线"，也是英国的险恶用心。1914 年，英印政府与中国政府、西藏地方政府召开会议，英印政府外务大臣麦克马洪威胁利诱西藏地方政府在"西姆拉条约"签字，附图私划所谓"麦克马洪线"，但中国政府未签字，历届中国政府也根本不予承认。中印边界问题至今尚未解决，完全是英国一手造成的。中印边界全长约 2000 多公里，分东、中、西三段，边界争议地区面积约 125000 平方公里。1914 年，英国在东段炮制了非法的"麦克马洪线"，擅自将喜马拉雅山南坡 90000 平方公里的中国固有领土划入英属印度境内。英国不仅插手印度，使印度独立后分裂成印度、巴基斯坦两个国家，而且造成印度于 1947 年独立后继承对中国领土的占领。中国历届政府都坚决不予承认。中段边界被印度控制的有争议地区达 2000 平方公里。1959 年，印度公然对西段和中国新疆阿克赛钦 33000 平方公里地区提出领土要求。至 60 年代初，印度悍然向中国发动全面武装进攻，妄图以武力攫夺中国领土。中国被迫实施自卫反击战，迅即将印军击溃，印军望风而逃。但

▲1962年英军在新加坡部署了核轰炸机。图为守卫新加坡空军基地的英军士兵

中国并未借此大规模反攻，夺回东段和西段被印度侵占的中国领土，而单方停火，主动后撤至 1959 年 11 月中印实际控制线后 20 公里。而印度直到 2003 年才承认中国西藏自治。英国侵略中国对中国人民的伤害、造成中国和邻国的边界冲突等矛盾和问题数不胜数。仅英国伦敦大英博物馆，有多少英国殖民者掠夺来的中国的珍贵文物，那些高喊"人权"对中国抱有敌意的英国人，难道不感到可耻和羞愧吗？

英国善于利用"分而治之"的诡计，在亚洲特别是中国遗留下了无数麻烦（英国等西方列强在非洲的"划界"是造成非洲动乱的原因之一）。诸如"印巴分治""克什米尔""麦克马洪线"和"中缅划分"等等。仅举巴基斯坦、阿富汗边界为例，可见英国之险恶用心。19 世纪，英国扩张南亚，对阿富汗发动战争。1893 年，阿富汗被迫接受英国将军杜兰划定的"杜兰线"边界。将阿与南亚英属殖民地分开，亦将阿之主体民族普什图人"一分为二"。印度、巴基斯坦分别独立后，"杜兰线"成为巴、阿国界，但从未得到普什图族人认可。巴基斯坦独立后，阿富汗从不承认此线，一直要求重新划界。巴则坚持沿用，两国因此纠纷不断甚至爆发武装冲突。英人的险恶用心可见一斑。中国被英国的擅自"划线"，带来的则是领土的丧失，危害更是遗之久远。

从清代以来，中国被迫与西方列强签订大大小小几千个不平等条约，英国占了多少！？英国对中国危害最大、最深！在二战中，英国不但没有一丝忏悔，反而利用中国人的善良，继续伤害中国。

九一八事变后，日本在东北扶植傀儡溥仪成立伪满洲国，公然将中国东三省分割出去。以英国为首的国联调查团至东北调查，本身即非主持正义，不过走走形式。连美国倡仪对日本实行经济制裁，也因英国作梗而作罢。

1933 年 2 月 24 日国际联盟召开特别大会，最后决议东北宗主权仍属于中国，但地方自治（autonomy）。尽管英国有偏袒之嫌，但仍不得不投票赞成。投赞成票者共 42 国，唯暹罗（今泰国，泰国早在 1940 年即开始为日军提供海、陆、空军基地）投弃权票。日本凶焰极其猖狂，这样的决议已是偏袒日本了，但日本代表松冈洋右仍然率团离开会场，以示日本退出国际联盟。没有英国和奉行中立的美国偏袒（美国一直大量卖给日本战略物资，如石油、钢铁等），日本是绝不敢如此有恃无恐的。果然，日本退盟之刻，即是进攻中国热河之时。

1939 年下半年至 1941 年 5 月，英、美、法企图牺牲中国利益，诱迫中国与日本妥协，妄图营造"东方慕尼黑"，策划密谋于一时，毛泽东曾著文《揭破远东慕尼黑的阴谋》予以揭批，为节约篇幅，于此不再赘述。

英国尽管自己在二战中各个战场一触即溃，望风而降，如新加坡、马来半岛、香港等，常常一枪不放就解帜而降。日军攻入香港，英军不但不战而降，还将征用中国海关的 6 艘缉私艇沉没于海，可见英国人的丑态！日本侵入马来半岛时，皆骑自行车悠然行进，如入无人之境，而英军未放一枪早已不知踪影。但英国对盟国中国极不友好甚至蔑视。1940 年 7 月，英国为讨好日本，竟将输运国外援华物资的滇缅公路封闭，使中国蒙受巨大损失。3 个月后才在世界舆论和美国的压力下重新开放。1944 年 8 月 23 日，英国首相丘吉尔给外相艾登电报中云："称中国为世界四大强国之一乃是一个绝对的笑话。"美国援华军事物资在缅甸仰光也被英国所截留。这比苏联承认伪满洲国、停止援助中国抗战还要恶劣！1942 年 3 月 9 日缅甸仰光陷落，10 万英军被日本横扫，如秋风扫落叶一般。在此之前的 1941 年，英国为了利用中国，挽救其在远东缅、印、马来亚殖民地，始与中国建立"中英军事同盟"，与中国达成协议，由中国派 3 至 5 个军赴缅防御。但当英军在缅甸被日军包围有全歼之险时，却又

▲1945年9月，日军在香港中环向英军代表投降

要求中国远征军相救，其纯为一己之私利，中国远征军为此付出 6 万将士生命的惨重代价！而且，英国的傲慢比比皆是，既要救援，却只限国民党军一个师停留或经曼德勒；英国军队自己无力防守，却又不准远征军入城构筑工事，英军总司令还在日记中大放厥词：

▲1960年，联合国大会第十五届会议

"他们靠我喂养，何等的寄生物！"本来英国承诺为中国远征军提供各种后勤物资等，多条协议却无一条兑现，反而种种刁难、阻挠。动辄在共同作战中悄悄溜走脱逃，致使我军屡屡坐失战机，屡屡被动挨打，几遭围歼。但英国对日本却望风而降，摩尔棉之战英缅军 5000 人竟向 2000 日军投降。仁安羌之役英军 7000 人被日军 800 人围住龟缩求救，致使我军惨遭伤亡。日军侵缅时，英军共有兵力 148000 人，半年中竟损失 87180 人（亡 27000 余人，伤 30000 余人，被俘失踪竟达 24000 多人）！可见战斗力之极差。英国傲慢、蔑视中国，自己却糜烂如此！蒋介石对英国的表现心知肚明，故在 1942 年 7 月 11 日日记中予以谴责："我国何不幸而至此，东受倭患，西遭俄毒，而英国在我西南数百年来杀人不见血之阴谋，早已根深蒂固，最近复加凌侮，野心未戢……"丘吉尔在开罗会议上毫不掩饰对中国的敌意，以至于罗斯福都对蒋介石感慨不已："会谈完时，彼对余慨然曰：'现在所最成问题，令人痛苦者，就是丘吉尔的问题。'又曰：'英国总不愿中国成为强国'，彼且郑重表示其对于殖民政策极不以为然。"英国的傲慢极为愚蠢，1941 年 12 月，中国军统情报部门向英国透露日军将袭击英国军舰情报。英国置之不理，根本不相信，致使英国海军主力"太子号"巡洋舰被日军击沉，英国驻远东舰队被彻底击溃。英国与中国国民党军统、中统的情报合作都未像中美情报合作成效卓著，最终都是虎头蛇尾，不欢而散，主要原因之一都是英国傲慢所致。

1945 年 2 月，英、美、苏雅尔塔密约牺牲中国领土与利益，英国不仅力主牺牲中国，而且拒不归还九龙和香港。在二战中，英国勉强同意交还，二战胜利后却又反悔。罗斯福去世前曾委派赫尔利前往英、苏两国协商确定战后对华政策，杜鲁门继任后，仍派赫尔利依原计划访问英、苏两国。在苏联会见斯大林时，因苏联已获得外蒙古分离出中国、中国东北利益等两大好处，故口头保证赞成中国统一。但当征询丘吉尔意见时，得到的回答则是："如君欲得香港，可在我死尸上来取也。"这使得蒋介石收回九龙和香港的愿望落空。蒋在日记中愤慨不已："丘吉尔对香港交还中国问题，谓'誓死不屈'。又谓'美国对中国之政策，为一大幻想'云其蔑视我国盖如此也！"（1945 年 4 月 25 日）在此之前，外蒙古被肢解出中国版图，东北旅顺大连港口、中东南满铁路等被苏联获取。1944 年 10 月新疆发生暴动，成立所谓"东土耳其斯坦共和国"，显系如蒋介石日记所云"如俄国侵略方针"。1945 年 1 月伊宁被攻陷。后蒋介石对苏联让步达成谅解，即苏方不介入新疆暴乱。张治中后赴新疆谈判最终和平解决。蒋介石尽管"惶惑""悲愤"，哀叹"抗倭战争之理想恐成梦幻矣"，但他很看重收回九龙与香港，以挽回脸面。

二战中，只有英、美未废除与中国的不平等条约

自鸦片战争以来，英、美、俄、法等近 10 个帝国主义国家，逼迫清朝政府签订了一系列不平等条约。以英、美两国为例，其主要不平等条约内容为：领事裁判权、使馆界及驻兵区域、租界、特别法庭、外籍引水人特权、英美军舰驶入中国领水之特权、英籍海关总税务司特权、沿海贸易与内河航行权等，这些特权极大地损害了中国的领土领水主权与利益，是中国人的莫大耻辱。

在二战中，美国考虑到与中国同盟国的关系，故倡仪废除一系列不平等条约，英国当时是极不情愿的，但顾及盟国关系及舆论，又不得不违心如此。特别是日本与汪伪政权，在太平洋战争后早已将京沪等英美租界等一股脑儿没收，如 1942 年 8 月 29 日，汪精卫在"江宁（南京）条约百年纪念会"上的演讲中，已宣布驱逐英美，取消领事裁判权，废除不平等条约种种。1943 年 1 月 9 日，日本主子与南京汪精卫伪政权签订协定，宣布将日本北平使馆一切行政权与所有公共及日本租界早日交还。日本人所享受治外法权同时取消。6 月 30 日，日本与汪伪政权再签订"日本交还上海公共租界行政权实施细则条款"。

▲1842年8月29日，清政府在英国军舰上被迫签订《南京条约》

8月1日，将租界正式交与汪伪政权。汪伪将此日定为"复兴节"，大肆宣传，使英、美甚觉难堪。

1月14日，与汪伪政权互相承认的意大利墨索里尼政府也发表了意大利取消在华租界、治外法权等特权的声明。此后，日本又向法国维希政府（此时已投降德国）施加压力，要求其放弃对华不平等条约的特权。当时法租界已在日本占领军屡屡压迫之下，法国又恐怕日本进一步对其所属殖民地越南使用武力，遂同意日本要求，于1943年2月23日声明宣布放弃在中国的治外法权，并归还在中国的各处租界。但法国政府却将声明内容同时通知国民党政府与汪伪政权。5月，法国与汪伪政权陆续签订协定，将北平使馆界、上海公共租界与厦门公共租界行政权及天津、汉口、广州等处法租界移交给汪伪政权接管。国民党政府觉得受到莫大"蔑视"，遂于"忍无可忍"之下，由外交部发表抗议照会，声明"法国依照中法间不平等条约取得之权利已归于消灭"。法国维希政权置之不理，于1943年7月22日再与汪伪南京政权签订"法还沪租界协定"，宣布将上海法租界"移交"给汪伪政权接管。该"协定"规定在7月30日之前，将法租界的道路、运河、船厂、堤道、船坞等交还，并声明无须付予赔偿款。国民党政府遂于8月1日宣布与法国维希政权断绝外交关系，并再次重申"法国根据不平等条约所取得之权利"一概失效。8月27日正式承认地处北非的戴高乐民族解放委员会为法国合法政府。

这样，在抗战期间，实际上日本、意大利、法国已分别宣布放弃了不平等条约，归还了租界等各项特权。而在此之前，德国、奥国、俄国、比利时早已宣布放弃或已经失效对华的不平等条约。

1917年北洋政府参加第一次世界大战，虽然自诩为提高中国"国际地位"，也不乏向日本借款之企图，但毕竟名列战胜国，德国、奥国成为战败国，废除不平等条约自然水到渠成。奥匈帝国因战败而解体，对华不平等条约也自然烟消云散。德国的在华特权，因为日本图谋接管，故中国拒绝在损害中国利益的"凡尔赛和约"上签字。至1919年8月，北洋政府参众两院决议对德恢复和平，9月15日北洋政府颁布大总统令宣告对德战争终止（依国际惯例，中国未在和约上签字，中德两国仍处于战争状态）。

1921年5月20日，中国北洋政府与德国订立协约七条，另附声明和照会各一件。德国声明1898年与中国签订的条约，及一切关于山东省的文件而获得的权利、产业、特权，一律放弃。并声明取消在中国的协定关税权、领事裁判权及租界的全部权利，归属于中国。北洋政府认为此项协约为中国自1842年中英《南京条约》以来，第一次与外国缔结的平等条约。两国因此得以恢复外交关系。

顾维钧作为中国最著名的外交官之一，很多人只知他在有损中国主权的凡尔赛"巴黎和会"上拒绝签字，殊不知他为中国废除列强签订的不平等条约作出过很大贡献。他从外交途径上于1924年5月31日与苏联特使加拉罕签订中苏协定，其中宣布："依一九一九及一九二〇年苏联政府所发宣言之精神，以平等、互惠及公道为基础"，另订新约，取消帝俄与中国签订之各项条约合同等，承诺废除所有帝俄与第三国家签订有碍中国权益之条约等，并相互保证不与他国签约有损中苏两国任何一方之权益。尽管苏联在以后的两国关系中，没有遵守承诺（以后国民党政府与苏联签订的"中苏友好同盟条约"更绝非平等，严重损害了中国主权与利益），但在斯时文字而言，确属平等之条约。

顾维钧在废除不平等条约上的成就是毅然废除比利时的对华不平等条约。1925年，比利时与中国的不平等条约即将到期（签约时为1865年11月2日）。顾维钧代表中国政府通知比利时议订新约以取代旧约。但比利时答复，只有比利时才有权要求修改。顾维钧于1926年10月重主外交，建议比利时在议订新约期间，可商订临时协定，但被比利时所拒绝。中国政府遂于 1926 年 11 月 6 日宣布：1865 年中比不平等条约失效。等于废除了这一不平等条约。1943 年 10 月 20 日，国民党政府与比利时同属于同盟国阵营，两国始签订中比新约。

所以迫于大势所趋，当年逼迫中国签订不平等条约的日本、俄国、德国、法国、意大利、奥国、比利时，均已废除了所签订的不平等条约。只有英国、美国还未废除，两国在中国北平、上海、南京、武汉等地的租界，实际已被日本和汪伪政权接管。英、美拖到太平洋战争以后才考虑放弃不平等条约，真是一纸"顺水人情、空头人情"（傅启学《中国外交史》），因为太平洋战争英、美惨败，香港、新加坡、马来半岛、菲律宾、荷印、越南、泰国、缅甸等，皆被日本占领，其特权皆不存焉。

而且，关键是英、美需要中国这个亚洲最大的盟国拖住日本，所以也是顺水推舟，放弃了已经丧失的特权。英国极其顽固地不肯放弃殖民利益，在美国一再劝阻下，才勉强同意，但在归还九龙问题上却一再顽固地拒绝。

英、美发表声明，宣布放弃对华不平等条约

1942 年 10 月 10 日，即国民政府国庆之日，英国各报刊出英国政府声明："帝国政府曾于一九三九年一月十四日、一九四〇年七月二日，及一九四一年六月十一日公开宣布，准备于远东军事行动结束后，与中华民国政府进行谈判，以废除英国人民迄今仍在华享受之治外法权。帝国所与咨询之美国曾发表相似之声明。帝国政府兹为强调对中国盟友之友谊与联系计，决定就此事作更一进之表示。……愿于最近将来与中国政府进行谈判。"

英国仍然有殖民主义思想在作祟，将废约看成是对中国的恩赐，不断重复要"进行谈判"，似乎将此作为筹码要挟。连蒋介石在日记中也感到遗憾："日汪先行发表伪废除不平等条约，殊为遗憾。一般人士虽明知伪约为儿戏，然而中美新约继其后发表，未免因之减色。"

蒋介石大概没有想到，英国只是口头唱高调，一接触到实际问题，便露出老牌殖民帝国的嘴脸，蛮横地坚持不谈九龙问题。英国坚持认为九龙不在新约谈判范围之内，而中方认为（当时驻英大使顾维钧亦奉召回国，参予其事）

▲斯大林（左）、罗斯福（中）与丘吉尔

九龙为不平等条约下的租借地，与租界性质相同，应一并解决。但英国拒不承认。而蒋介石怕因九龙租借地问题恐导致谈判破裂，故屈服于英国的蛮横，而放弃了原先的谈判原则：坚持收回九龙，否则决不与英国签订新约。其实，英国早于抗战前已放弃了威海卫租界地，盖因1922年华盛顿会议上，顾维钧代表中国政府大声呼吁废除不平等条约的意愿。北洋政府也要求收回各国租界地。当时英国政府迫于情势，不得不允许退还威海卫租界地（威海卫的最后一任总督即为溥仪老师庄士敦）。1930年被中国下令正式收回。威海卫是租界地可以收回，九龙是租界地怎可不收回？国民党政府没有据理力争，致使中英新约的平等性大打折扣，使九龙、香港成为一个遗留的棘手问题，拖了52年才彻底解决。

泰勒在《第二次世界大战的起源》一书中说："政治家的首要责任是确保稳定和繁荣。"姑且不谈繁荣之类，政治家所代表的国家还应该信守承诺。英国对中国的所作所为从来不信守承诺，在归还香港问题也如是。

香港，这颗万顷碧波之上的东方明珠，自公元1842年8月29日在鸦片战争之后，清朝政府被迫与英国在停泊在南京的英国军舰上签订城下之盟——《南京条约》，香港从此就割让给了英国。以后英法联军侵略北京，逼迫清朝政府又签订《天津条约》，又加上了九龙半岛东部。1889年6月9日，英国又在北京逼迫清政府签订99年租借条约（1898年7月1日生效），从而"正式"霸占了被英国称为"新界（New Territorues）"的365.5平方英里的中国领土！在最后一次签订的条约中，英国又攫夺了九龙半岛西部及环绕香港、九龙，北纬22.9度以北，东经113.52度以东，及东经114.30度以西大片水域，以及此水域内所有岛屿。

在二战中，美国总统罗斯福对英、法殖民主义是不满的。他本心很不愿意让美国人流血替英国在其远东殖民地作战。他对中国的抗战予以同情，始而扶持中国，进而强大，成为他构想中的世界和平四大支柱之一。因而，他主张日本应归还所有侵占中国的领土，也主张战后中国收回香港。1942 年，罗斯福发表对香港战后地位的讲话，即明白无误地主张先将香港归还中国，恢复中国对香港行使主权，然后由蒋介石宣布香港为自由港。在设立划分同盟国的中国战区时，不仅延及包括暹罗（泰国）、安南（越南、柬埔寨及寮国——即今之老挝）的同时，也理所当然地包括中国香港。

可见当时罗斯福的主导思想基本上是反对英国在二战后继续统治香港。

在开罗会议上英国拒绝归还香港

太平洋战争爆发后，英军在日军面前节节败退，不堪一击，望风而降。英国不得不请求中国予以军事支援，妄图保住其在东南亚的殖民统治。蒋介石遂借此机会欲图收回香港，并于 1942 年正式向英国提出收回香港的要求。为大造舆论，蒋介石在访问印度期间，会见印度著名的独立运动领袖甘地、尼赫鲁，表示中国支持印度的独立诉求。蒋介石的这一做法，目的是加快促使英国在远东的殖民体系瓦解，当时确实取得效果，在国际上产生反响并得到广泛的舆论同情。

英国本心其实从未想要归还香港，但出于期望中国派遣远征军保卫其殖民地印度和缅甸，违心地主动提出与中国进行废除不平等条约及签订新约的谈判。在与中国初始谈判时，英国采取了权宜之计，对蒋介石坚持收回香港的要求敷衍拖延，目的只是让中国坚持抗日，拖住日军，以减低英军在太平洋战场上的压力。随着战争态势向同盟国方面有利转化，英国也开始在谈判中日趋强硬。

1943 年 11 月开罗会议上，中英两

▲蒋介石与罗斯福在开罗会议期间合影

▲抗战时，蒋介石访问印度（右一宋美龄，右二甘地）

国首脑激烈交锋，面对蒋介石的要求，丘吉尔竟直接回绝，进而蛮横叫嚣："不经过战争，休想从英国手里拿走任何东西！"直接表明英国拒不交回香港。蒋介石无可奈何之下，转而向罗斯福提出：希望美国协助中国，从苏联手中收回中国领土、从英国手中收回香港的要求。但罗斯福虽然对中国表示同情（见《蒋介石日记》），也敦促过英国将香港在战后归还中国，但亦遭到丘吉尔拒绝。

美国也有自己的盘算，为激励中国对日作战，拖住日军精锐，减轻美军在太平洋战场的作战压力，同时趁机瓦解英法两国在远东的殖民地，进而取而代之，所以美国口头上也曾表示支持中国收回香港。但遭到英国拒绝后，为了英美两国利益，美国最终也只是对英国口头谴责而已。罗斯福认为开罗会议是同盟国讨论对日作战的战略问题，不是解决同盟国之间领土纠纷的场所，所以开罗会议公报中只明确要求日本将此次战争以前掠夺的全部中国领土归还中国，只字未提中苏、中英之间的领土归属和归还香港问题。但罗斯福为了安慰蒋介石，曾几次提出要把琉球和小笠原群岛归还和交给中国，可惜蒋介石没有接受。

同时英国也对蒋介石威胁利诱，蒋介石最终改变了立场，放弃了将收复香港写入中英新约之中，而只是仅仅要求英国口头承诺在二战结束后与中国商谈九龙问题。

在美国的主导下，1942年10月10日，美英两国同时宣布放弃自鸦片战争以来对中国不平等条约规定的一切特权。1943年1月11日，中国驻美大使魏道明与美国国务卿赫尔在华盛顿签订中美平等新约。同时，中国政府外交部部长宋子文与英国驻华大使薛穆在重庆签订中英平等新约。中美新约没有遗留问题，但中英新约只字未提香港，可见所谓"平等"之下仍然保留了英国的殖民特权。蒋介石曾提出归还新界的要求，但英国以新界仍然是香港一部分，并不包括在平等新约之内，而拒绝了蒋介石的要求。蒋介石收回香港的希望终于落空。

▲日军侵占香港后，举行入城式

英国不惜使用武力想继续霸占香港

英国不仅口头上拒绝归还香港，实际在二战尚未结束时就已经开始密谋恢复在香港的殖民统治。

英国口是心非，背着中国政府，于1944年年初成立名曰"香港计划小组"的机构，负责策划恢复英国在香港殖民机构事宜，并最终确定二战结束后以武力占领香港的战略方针，并筹备在二战后期不惜出动兵力、不惜一切代价攻占香港。在确立了以军事行动为主的方针后，这个小组为配合军事行动进行了大量先期秘密勾当，如派遣大批英国间谍刺探情报，为夺回香港搜集一切材料。另外，在日本投降前夕，还派人员秘密联络已被日军攻占香港以后关押的港英政府官吏，要求这些人开始与日本占领当局交涉，为英国重新占领香港做准备工作。可见英国为了重占香港，真是费尽心机，不惜代价。

1945年8月13日，距日本正式投降还有两天。看到日本大势已去，英国政府下令，派海军少将哈考脱率一支特遣舰队开赴香港，同时为配合海军的特遣行动，尤其听到中国政府将派孙立人与曾赴印缅作战的新一军将前往接收香港时，还调动了英军陆军第36师开赴香港。这表明，英国为了重新霸占香港

▲中国、英国及日本代表于1945年9月15日联合签署香港的受降仪式

而不惜与中国一战。当然，英国虽然制订了武力攻占香港的方针，但心里也没有底，也不得不在派遣海陆军的同时向美国求援，在外交上力求主动。因为英国虽然口头强硬，但也很明白美国的态度是决定性的。获得美国的支持，继续霸占香港基本上稳操胜券。

从当时总的形势上看，中国收复香港占尽天时、地利、人和之便。首先从法理上，中国应该收复香港，因为日本投降后，远东盟军发布的统帅麦克阿瑟第一号受降令明确规定：凡在中华民国（满洲除外）、台湾、越南北纬16度以北地区之日军，均应向中国军队投降。而香港恰恰位于北纬16度以北地区，抗战期间隶属于中国陆军第二方面军（司令官张发奎）所辖战区范围，也是中共领导的新四军东江纵队的作战区域，根本不是英军的作战辖区。

中国依照盟军总部命令做好接收香港的一切准备

中国受降、接收香港，已是理所当然。所以日本投降后，依照盟军一号受降令，1945年8月14日，中国战区受降总策划人、陆军司令部参谋长萧毅肃中将，即将香港划入第二方面军司令官张发奎的受降区内，张发奎被指定为广州、香港、雷州半岛、海南岛受降主官；并于 8 月 21 日，将中字第一号备忘录（即中国战区各区受降主官分配表），交日军洽降承命专使今井武夫少将，其中明白无误地注明香港列入"中国陆军第二方面军司令官张发奎次级受降区"。蒋介石于 1945 年 8 月 19 日致电何应钦，明确指出："……台湾、香港，及越南北纬 16 度以北等我辖区内，所有日本空军之军械、油、弹、装备，及器材，与航空工业，及直接与航空有关工业之一切财产、设备、器材等，应一律交由空军接收。" 1945 年 8 月 23 日下午，陆军总司令何应钦召集军事会议，萧毅肃、王耀武、邱维达、张发奎、卢汉、邵毓麟及国民政府各部院代表参加，听取传达有关受降区域和负责人情况。何应钦说："根据上级指示，全国各地，包括越南北部和香港在内，共分为 16 个受降区。"由此可见，斯时蒋介石仍然要求香港是归中国政府受降的。但当何应钦征询与会者意见时，第二方面军司令官张发奎即提出："香港是规定由我主持受降的，如果英国人不放手，要干涉或捣乱的话，我们怎么办？"可见国民党军界高层都看到香港接收问题上英国必然会节外生枝。据与会者回忆："大家的视线都集中在何应钦身上，看他如何答复，只见何应钦眨了几下眼睛，闭口不言。张发奎见何不语，又补上一句：'只要总长有命令，英国人敢动，我就揍他。'何应钦却左顾右盼把话头调了方向。"直到 8 月 24 日，何应钦给各地受降主官电文中，仍指定"第二方面军张发奎为受降主官"，日军大部投降部队"集中广州"。但香港防卫队"集中香港"，空军"集中雷州半岛"，"海军陆战队集中海南岛之琼山。日军投降代表为田中久一。办理投降地点在广州"。蒋介石的幕僚也有很多人建议他趁此机会先进驻香港，再与英国交涉。故蒋介石即命令第二方面军司令官张发奎将新一军、第 13 军集结于距香港极近的宝安地区待命，以便随时进驻香港。中国军队占地利、人和之便，以逸待劳，故英国开始发动外交攻势。

美国支持英国接收香港，蒋介石卑躬屈膝

首先，英国东南亚战区统帅蒙巴顿上将，奉英国政府之命，坚持接收香港。

1945 年 8 月 18 日，英国新任首相艾德礼致电美国总统杜鲁门，拒绝接受麦克阿瑟受降令，要求美国指示麦克阿瑟重新发布受降令，使驻港日军必须向英军投降。

　　面对英国咄咄逼人的外交攻势，蒋介石虽然集结重兵待命进驻香港，但他迟迟不敢下达进军香港的作战命令。这时他仍然幻想美国的支持，心里仍然寄希望美英两国支持他发动内战。软弱的蒋介石竟然两次发表声明，表示中国无意以武力收复香港，希望通过"外交途径"寻求解决。他向美国派出外交使节，寄希望美国发话，幻想靠美国收复香港。事实证明，蒋介石失去了靠军事手段收复香港的机会。如果先进驻香港，再与英国外交交涉，主动权无疑会大大增加。

　　此时，美国已改变了支持中国收回香港的态度，因为美国需要英国支持其与苏联在欧洲争夺势力范围。美国出尔反尔，居然又转而支持英国重新霸占香港。在英国首相艾德礼要求美国重新下达受降令后，杜鲁门马上通知麦克阿瑟："为顺利地接受香港地区日军的投降，须将香港从中国战区的范围划分出来。"在美国的支持下，英国获得了主动，而在美国强大的压力下，想靠美国打内战的蒋介石只好卑颜屈服。但蒋介石也觉得太无脸面，无法向国人交代，他不敢拂美国的意，只向杜鲁门发电哀求："在未来的受降仪式上，驻港日军应向中国方面的代表投降。美国和英国均可派代表参加这一受降仪式。在受降仪式后，英国人将在中国战区最高司令的授权下，派遣军事力量在香港登陆。"蒋介石在这里无疑是自欺欺人。但就是这点自欺欺人的所谓小面子，美、英也不

▲开罗会议蒋介石曾向英国首相丘吉尔要求归还香港。左二为罗斯福，右一为宋美龄

▲在香港的日本人在松原酒店前聆听日本天皇"终战诏书"的广播

给。蒋介石大概以为他作出了如此丧失主权的让步，美、英会让他稍有体面。谁料杜鲁门在回复蒋介石的电文中明确地、毫不客气地表示："美国不反对一个英国军官在香港接受日本人的投降。"据说蒋介石看到杜鲁门的复电后颇为恼火，但他又不敢得罪美国，不得不屈服这一耻辱，向杜鲁门

▲英国战舰"维苏里号"于1945年8月30日经香港鲤鱼门进入维多利亚港

表示："愿意授权给一个英国军官，让他去香港接受日本人的投降，同时派一名中国军官和一名美国军官赴香港参加受降仪式。"

本来蒋介石以为如此服从、妥协，即可以息事宁人，挽回一点点面子。不料当英国方面得知后，却不依不饶，强硬地拒绝这一美、中双方都同意的接收方案，认为蒋介石无权委派一位英国军官在香港接受日本人投降。言下之意，即香港是英国的，中国无权干涉受降事务。这样的屈辱，使得蒋介石在国人和部将面前无法交代，一点脸面都得不到。蒋介石大为愤怒，立即告知杜鲁门：无论英方接受这一方案与否，他仍将以中国战区最高司令名义，任命英国哈考脱为他的受降代表，如不同意，必要时将以武力抵制英国的擅自行动。

其实，国民政府很多人包括军界一部分人，都是主张先以武力接收香港的。张发奎的"英国人敢动，我就揍他"代表了国民党内部分将领的主张。当时宝安地区集结了张发奎的两个军，本意就是抢先进驻香港。其中孙立人的新一军曾远征印缅，全部美械装备，号称国民党"王牌主力"之一，在缅甸杀伐日军，立下赫赫战功，素为英国所忌惮。而英国欲开往香港的第36师，师长菲士廷少将曾为与孙立人在缅北并肩作战的战友，相知极深。一旦兵戎相见，以国民党军的实力及人数、地利之优势，英军恐怕处于下风。我曾看过一篇史料，据说中共东江纵队亦做好进入香港的准备，而且从各方面分析，把握很大。非正规军的中共游击部队东江纵队尚如此跃跃欲试，莫说国民党的两个王牌正规军了。

所以，英国看到蒋介石的态度不似以前软弱，进而考虑到国民党宝安地区虎视眈眈的两个整军，反复权衡，不得不最终接受了蒋介石的任命，蒋介石终于得到这个极廉价的小面子，但却失掉了收复香港的机会。

英军抢先登陆，恢复殖民统治

1945年8月30日，英国海军少将哈考脱率英国海军特遣舰队在香港登陆，宣布恢复英国对香港的管辖权。9月1日，驻港英军宣布成立临时政府，负责对香港行使权力。同日，蒋介石派遣的以罗卓英中将为首的中国政府军事代表团亦抵达香港。9月3日，第二方面军司令官张发奎接到通知，香港、九龙地区已决定授权英军代表受降。9月4日，陆军总司令部参谋长萧毅肃中将亦奉令修改《中国陆军各地区受降主官姓名、受降地点及日军代表投降部队长官姓名与投降部队集中地点番号表》，将原由中国军队受降的香港，单独划了出来，改由英国海军少将哈考脱受降。据萧毅肃将军回忆：在此之后，"但国府仍计划由孙立人的新一军前往接收香港"。但笔者疑心蒋介石在此已是强弩之末了，不过是做样子给部下们看，因为英国的特遣舰队已于8月30日在香港登陆，还有什么"计划"可言呢？

9月16日，原定香港地区日军向同盟国代表投降的降书，是向中国战区统帅蒋介石的代表投降，现在则换成向英国政府及中国战区统帅的共同代表——英国海军少将哈考脱投降！

8月31日，中国战区中国陆军总司令、陆军上将何应钦发布"中字第十五号备忘录"，通知日军冈村宁次大将："奉中国战区最高统帅蒋委员长8月29日命令：关于香港及九龙两地之日军投降，兹改定由英国接受：

（1）本委员长已授权英国海军少将哈考脱（Rear Abmiral Harcourt）接收香港及九龙日军之投降。

（2）派罗卓英中将为中国代表，威廉逊（Colonel Willianson）上校为美国代表，参加接收香港日军投降……"

这就是说：中国的香港接受日军投降，升起的不是中国国旗，受降代表也不是中国政府的全权代表。蒋介石派遣的军事代表团抵达香港后，还正式宣布：国民政府同意英国占领香港。

时隔一年之后的 1946 年 5 月 1 日，曾下令驻港英军向日军投降后被日军监禁的前香港总督杨慕琦返港，不知羞耻的他又重任总督，从这一天起，英国重新恢复对香港的殖民统治。

中国没有了尊严，对香港的受降由英国主持，进而英国继续霸占香港，不唯国人不服，连蒋介石的嫡系将领们也是愤愤然。抗战胜利后，蒋介石的嫡系将领韩练成（国民政府总统府中将参军）、郭汝瑰（陆军总司令部参谋长，系中共地下党）和吕文贞（北平行营参谋长）谈起美军在塘沽公然接受日军投降，又谈起中国东三省日军向苏军投降、香港日军向英军投降，大为不满："打跑了日本鬼子，中国仍有国土被洋人占着……"

主持中国受降计划的萧毅肃将军，多年以后回忆："不知何故，多年后，那降书上哈考脱的两处签名（联合王国政府代表，及中国战区统帅代表），竟褪色到几乎没有痕迹可寻的地步了，莫非这是天意，他不该永久享受到这项荣誉么？我虽然不迷信，却也掩不住内心的喜悦。"萧老将军大概忘了，签字痕迹的褪色怎可抵销带给中国的耻辱呢？香港因此迟到了 52 年才回到祖国的怀抱，这个代价岂是褪色的签名所能冲刷掉的！

当然，萧老将军喜悦的是："五十二年后，中国国势已非吴下阿蒙，英国也不得不低头。不但租借的新界，连割让给英国的香港和九龙，也一并在新界租期届满的次日，1997 年 7 月 1 日，双手献还给中国了。"不过说"双手献还"太轻松了，英国在之后为了维持在香港的殖民统治，想方设法阻挠香港的回归，甚至甘冒天下之大不韪，阴谋使用核武器讹诈中国，这留待下一章再谈及。

平心而论，蒋介石和国民党政府确曾想借二战结束后的受降之机收回香港，如果不是美国出尔反尔转向支持英国，如果不是蒋介石屈服美、英的压力，香港毫无疑问可以提前 52 年就回到祖国的怀抱。

从"紫石英号事件"到限制大陆居民来往香港

记得当时国民政府外交部长宋子文以反法西斯阵线同盟国的身份，向英国提出交涉，要求英国废除强加在中国人民头上的不平等条约，要求收回香港。丘吉尔恼羞成怒，公然在伦敦市政厅向议会议员发表演说，蛮横叫嚣：凡属大英帝国者，本人必须保守之。本人不是为了解体大英帝国而出任首相的！如果有这种事情发生，请另找他人办理，我决不会放弃任何一块大英帝国的领地。我将指示大英帝国外交部人员公开宣布：废除英国在华特权并不包括将香港交还中国！英国的这一极端殖民主义方针一直贯穿于香港问题始终。

国民党政府在屈服英、美压力失去收回香港的机会之后，依靠美、英支持发动内战。1949 年 10 月，人民解放军挥师南下，逼近香港。在此之前的 4 月 21 日，人民解放军第二、三野战军百万雄师强渡长江，而英国军舰"紫石英号"公然于 20 日侵入长江纵深达 200 公里，并向北岸我军阵地开炮，致使我军伤亡达 200 余人。江岸炮台迅即还击，将"紫石英号"击伤搁浅，英军升起白旗示降。后英国派遣 3 艘军舰妄图施救，亦被我军炮击后遁去。

英国前首相丘吉尔公然叫嚣要出动航空母舰予以报复，时任首相艾德礼更无耻地狡辩英国有权进入长江。4 月 23 日，南京解放，中国人民解放军总部发表声明严厉驳斥并要求英国认错并道歉、赔偿。在中英双方谈判过程中，英方代表百般狡辩，口头认错，继而反悔。而且顽固地拒不作出书面道歉。拖延至 7 月 30 日，"紫石英号"借大雾弥漫和江水上涨偷偷逃走。

由"紫石英号事件"可以看出英国对中国的一贯敌视。在香港问题上更是极其冥顽不化。以当时中国人民解放军的实力，进军香港易如反掌。区区英军在我摧枯拉朽的军威之下，下场仍会像 1941 年 12 月投降日军的下场一样。但当时中共领导层审时度势，作出维持香港现状的决策，目的是"拉住英国，分化美、英"。早在延安时期，毛泽东就对英国记者哈默表示："我们不提出立即归还的要求，将来可按协商办法解决。"当时，以美国为首的西方阵营对新中国实行封锁、禁运，沿海港口更是禁运重点。新中国只能将香港作为新中国对外贸易、外汇收入及对外接触的渠道。英国为了维系香港在太平洋地区的战略地位，不得不承认新中国，1954 年中英两国共同商定互派常任代办。

新中国出于善意，对香港现状提出合理要求，但往往遭到英国拒绝。据黄华回忆：二战前中国内地同香港之间人员可以自由往来，但新中国成立后，英国却对内地居民来往香港加以限制。但当我方提出应予减少限制时，英国却无理拒绝。一直拖到1979年中英才恢复广州至九龙直通车。但英国对台湾当局却提供种种优惠，包括允许国民党特务机关的设立和猖狂活动，直到发生"克什米尔号事件"后，英国才对台湾当局的特务活动加以限制。

尽管如此，新中国对香港问题的立场是明确的：香港是中国领土的一部分，

▲严重的临阵脱逃导致10万英军在新加坡投降

中国不承认英国强加的三个不平等条约；中国主张在条件成熟时通过谈判和平解决历史遗留问题，暂时维持现状。

1960年，中共制定对香港、澳门工作"长期打算，充分利用"的方针。周恩来在1957年对上海工商界的一次谈话中谈道："香港要完全按资本主义制度办事才能存在和发展，这对我们是有利的。香港的主权总有一天我们是要收回的，连英国也可能这样想。"但英国是怎样对待新中国的善意呢？

妄图用核弹攻击中国

新中国自成立伊始就不断受到美国及苏联的核讹诈，当年人民解放军欲横渡长江时，陈纳德就自告奋勇妄图率轰炸机螳臂当车，这为当时美国政府所阻止。

1954年，台海爆发危机，美国参谋长联席会议于9月12日建议对中共使用核武器。1958年"八二三"解放军炮击金门，美国参谋长联席会议主席内森·特文宁空军上将建议在中国厦门投掷数枚小型核弹，驻防关岛的5架B-47重型轰炸机携核弹随时待命飞临中国上空。对中国、越南投掷核武器的建议最终都被艾森豪威尔所拒绝。

125

抗美援朝期间，美国也一直没有停止威胁使用核武器，并已对我国东北进行轰炸和投掷燃烧弹，只不过有苏联战机巡航，美国才稍稍收敛。1954年，法国大败于奠边府，美国白宫国家安全会议曾建议向奠边府投掷原子弹解救法军。20世纪60年代末期，苏联也威胁要使用"外科手术"式核打击摧毁中国。也许，英国看到百废待兴的新中国刚刚进行了抗美援朝战争，以为也有了可乘之机。

2006年，英国国家档案馆解密了一批1957年至1961年的绝密档案，其中曝出了英国丧心病狂地曾计划于20世纪五六十年代对中国进行核打击。

在20世纪五六十年代，英国利用中国暂不收回香港的政策，利用中国对香港水等能源的供应，迅速将香港变成英国工业产品的绝好倾销地。同时，英国更看重香港独一无二的政治地位。1957年7月，英国内阁大臣布鲁克在写给首相麦克米伦的信中赤裸裸地道出了英国的用心："从某种意义上说，香港对英国的象征意义要远远大于经济意义。从战略上讲它已经是我们在远东地区最后的反共堡垒了，基于政治考虑，我们不能放弃它。"英国香港警局下属的政治处就是专搞政治情报的，这已是公开的秘密。

在美国发动侵朝、侵越战争期间，香港在英国允许下，成为美军重要物资供给和军舰、兵员调整基地，成为远东名副其实的"反共堡垒"。英国并直接参加侵朝战争，成为美国的帮凶。

在当时冷战的阴风中，英国一直防备中国突袭"夺取"香港，但英国又因在朝鲜战场上领教过中国人民志愿军的战斗力，加上英国老资格的二战名将蒙哥马利勋爵访华后特别警告："不要与中国人民解放军在陆地上交手！"故英国决定不与人民解放军在陆地上进行常规战争。鉴于中国当时还没有核武器，故只能在必要时对中国予以核打击。

英国在1952年原子弹试验成功后，立即制订"全球战略文件"，明白无误地提出将使用核武器作为遏制对手的手段。1956年，英国已将核武器瞄准了中国。一份英国当时的绝密计划表明：例如东盟与中国发生地面大规模战争。中国人民解放军有可能进入缅甸，英国将毫不犹豫地对中国使用核武器予以打击。

1961年2月22日，英国外交大臣赫姆写信给当时的首相大臣麦克米伦，猖狂叫嚣："如果中国政府有一天要动用武力收复香港了，英国政府可以采用常规武器或实施核打击解决，但显然动用核武器才能解决根本问题。"到了3月，英国政府认为对中国进行核打击已形成一致意见，随后英军开始进行秘密准备。

但在技术细节上却无法达到核打击的目的。因为当时英国的重型轰炸机航程因距中国太远，无法从英国本土起飞执行轰炸任务。而英国在东南亚殖民地的军用机场设施有限，也不能保障重型轰炸机起降。

为了预备对中国进行核打击，1957年起英国皇家空军开始在马尔代夫的冈岛修筑重型轰炸机机场，以便使英国空军的"火神""勇士""胜利者"三种重型轰炸机能够在此起降。同时，又将新加坡的丁加机场加以扩建，不仅可使英国空军远程奔袭中国，亦将使之成为针对中国的核轰炸机的基地。

1958年，英国除对新加坡丁加机场进行扩建之外，还秘密修筑一座永久性核武器储存基地，并计划将48枚核弹头运往此处。

1962年，英国军方首次将"红胡子"战术原子弹运往新加坡丁加机场。核轰炸机也随后进驻，共部署了6架。此后，英军开始频繁进行模拟原子弹投掷训练，核轰炸机也频繁进行核攻击演习。英国还陆续在马来西亚巴特沃思机场和肯尼亚军事基地修筑特别设施，储存核武器，以便进一步扩大核打击半径。为炫耀、恫吓中国，英军还轮番调遣携载核弹的航空母舰到东南亚海域巡弋，并计划将装载"北极星"核导弹的战略核潜艇部署到东南亚地区战备值班。

▲英国"勇士"核轰炸机

英美秘密协议，妄图联手对中国实施核打击

这一切都是赤裸裸的对中国进行核讹诈，以迫使中国放弃收回香港，但英国又色厉内荏，惧怕舆论，也忌惮东南亚国家群起反对。例如，英国虽然在新加坡丁加基地部署核武器，却不敢告知新加坡政府，对亲英的马来西亚政府也加以隐瞒。而且，英国只敢部署6架核轰炸机，因为怕一旦大规模部署引人注目，怕被揭露。所以，这6架核轰炸机组成轰炸机群，英国也明白，很难保证突袭中国完成轰炸任务。

因而，英国转而想拉拢美国加入到对中国的核打击中。二战后，英国在防务上唯美国马首是瞻，以英国的实力不足以对苏联为首的华沙条约军事力量抗衡，英国只能极端依赖美国的军事打击力量。英国国防大臣威金逊向首相麦克米伦建议，请当时英军参谋总长蒙巴顿勋爵与美军太平洋司令费尔特上将晤谈，向美国作出承诺：如美国在核大战中打击中国，英国皇家空军和海军航空兵将配合美军作战。英国的用意是唆使美国，让美国打头阵。故此，英国外交大臣赫姆指出："香港无法以传统方式来防卫，美国人对此一定非常了解……在这种状况下，我们需要非正常式地与美方就使用核武器交换意见。"

以当时英国在东南亚的军事部署，区区6架轰炸机想突破中国严密的防空网，应该说是毫无希望。20世纪60年代美军U－2型高空侦察机和台湾配备的美国最新式的RB—57型高空侦察机，多次被中国苏制萨姆－2型地对空导弹击落。英国若想依托地面常规战争，以香港弹丸之地，英军面对数百万解放军的立体攻击，也应该是无招架之力。英国险恶地唆使美国加入核打击中国的作战，就是想借美国的优势来保住香港。因为英国明白，中国再也不是新中国建立初期任凭台湾轰炸机深入上海狂轰滥炸而束手无策的时代了。

1961年3月，即在英国将核轰炸机和战术核弹运往新加坡之前，蒙巴顿就已奉命与费尔特在美国夏威夷首次秘密会谈。蒙巴顿向美国明确表示：英国没有办法仅仅依赖常规武器保住香港，言下之意，靠常规战争进行抵抗根本守不住香港。蒙巴顿表示："对中国实施核打击是保住远东桥头堡的唯一选择！"他希望英美国两国达成共识和共同进行军事行动——核打击。出于敌视中国的

通盘战略考虑，费尔特当即表示：如果中国强行收复香港，美国将承诺对中国实施核打击。英国的阴谋终于得逞。这以后，英美两国又数次在停靠在香港的美军航母上秘密会晤，完善了对中国实施核打击的细节。

在获得了美国的承诺后，英国异常欢喜，国防大臣威金逊得意扬扬地炫耀说："我们一定要让中国政府明白美国的真实意图，那就是美国会随时使用核武器，来报复中国政府试图以武力收复香港的行为。"英国有了美国的撑腰，幻想香港当然会永远置于大英帝国的统治之下。老奸巨滑的英国唆使美国对中国进行核打击，将来一旦舆论谴责，也是美国首当其冲。况且依靠美国的核力量，英国坐享其成，减去了诸多风险。

但机关算尽，英国再也没有想到1964年中国成功地试验原子弹，随后又成功地试验氢弹，这对美国、英国都是当头一棒。英国的核讹诈再也无人理睬。英国再也不敢小视中国，气势汹汹的核打击中国计划终于化作一场闹剧而谢幕。1969年，美国总统尼克松在越战末期，为摆脱美国深陷泥潭，曾试图用核武器打击北越，英国再未敢跟着瞎起哄做留住香港的美梦，反而迫于形势，曾两度考虑提前归还香港。这难道是侵略者幡然悔悟，要放下屠刀换袈裟立地成佛了吗？

2006年，英国国家档案馆解密了一批1957年至1961年英国政府的绝密档案，揭秘了英国政府处心积虑为保留香港这块殖民地，曾秘密计划于20世纪五六十年代对中国进行核打击，同时揭秘了20世纪60年代末期英国政府曾两度考虑提前将香港归还中国。是英国这个老牌殖民帝国终于良心发现幡然悔悟了吗？

血腥镇压香港市民反英抗暴，同时制订撤港计划

据《环球时报》转引《南华早报》披露的英国国家档案馆文件可以看出：英国由于中国成功地试验原子弹、氢弹，不得不放弃了核打击中国的计划，而偃旗息鼓。在中国于1964年原子弹、氢弹试验成功后，随即在两年后爆发"文化大革命"，受中国影响，亚洲、欧洲都掀起了左翼风暴。香港距中国内地最近，同样也受到影响。香港左派人士以大陆"红卫兵"运动为榜样，挥舞红旗和《毛主席语录》，呼喊革命口号，走上街头举行示威游行，要求英国殖民

者"滚出香港"。随后市民、工人也纷纷行动起来，这引起英国殖民政府的极度恐惧，唯恐香港因此回归中国。英国殖民当局遂动用武力制造血案，致使大量平民伤亡，更引起了中国人民和香港居民的愤慨。惨案发生后，愤怒的北京学生焚烧英国代办处，并向政府施压，要求收回香港。英国政府色厉内荏，开始担心中国政府予以报复，进而收回香港。因此，英国政府虽不甘心，但不得不考虑撤出香港，避免受到更大损失。为有备无患而制订了绝密的撤出计划文件。

1967年，英国政府拟定文件，宣称如中国军队"入侵"，英国政府应"部分撤离"香港，即主要将香港殖民政府的有关人员先行撤出香港，避免被动。这在英国高层已形成了共识，如1967年5月17日，英国当时的外交大臣在回复时任香港殖民政府总督戴麟趾的电文中，已明确指示："或许我们（指英国政府）撤出香港的时刻已经到来了。"当然，"撤出香港的时刻"并非英国政府良心发现或自愿，而是由于对中国政府和人民的恐慌之心。

在此后两年中，由于局势不稳定，不少香港市民亦开始变卖财产离港，人心浮动，惶惶不安，开始形成香港的第一轮移民潮，香港地区经济因此受到影响。其实，中国并没有借香港殖民当局镇压香港市民反英抗暴斗争和火烧英国代办处事件采取行动，据黄华回忆录载："中央指示外交部派官员向英驻华代办道歉，要求红卫兵不得违犯外事纪律，要他们在香港问题上不要擅自行动。"（《亲历与见闻——黄华回忆录》，世界知识出版社，2007年版第345页）。这种情况的发生，完全是英国殖民当局手足无措而造成的。

▲ 被解救的英国士兵与中国远征军士兵合影

1969年3月，英国内阁下属的机构——香港问题部长委员会起草了一份绝密报告，建议与中国政府合作解决香港问题。在这份报告中，起草者特别指出："如果不考虑中国对香港的主权，任何解决香港问题的途径都不会成功。"因而，报告经过分析认为，最好的解决办法即是向中国政府表示：英国会在时机成熟时完全撤离香港。报告还建议，应迅速与中国政府进行非正式接触，时间应不晚于80年代早期与中国政府就香港问题达成统一的共识。

英国何以如此急于同中国政府达成非正式协议来解决香港问题？这不仅仅是核讹诈不灵了，也更不是英国殖民主义者的良心发现，关键还是英国通过香港市民的反英抗暴斗争，看到了人心所向，大势所趋，更出于自身利益的考虑。英国看到了中国坚定不移的反殖民主义立场和收回香港主权不屈不挠的韧力和决心。

中国反对将香港列入联合国非殖民化范畴

二战结束后，非殖民化成为联合国日程上的重要问题。

1960年，在第十五届联合国大会上，苏联和43个亚洲国家联合提出《给予殖民地国家和人民独立的宣言》决议草案，并获得通过。随后成立了联合国非殖民化特别委员会，不久即将香港和澳门列入非殖民化宣言的名单。这一错误做法必将导致不可预料的复杂情况发生。因为香港、澳门问题是英国、葡萄牙殖民主义侵略和掠夺造成的历史遗留问题，并非一般概念的殖民地。香港、澳门问题的最终解决是回归中国，而非独立。因而，香港、澳门显然不属于联合国的非殖民化范畴，更不应该列入非殖民宣言名单。

1971年，中华人民共和国恢复在联合国的合法席位，并于12月被选入非殖民化特别委员会。中国不仅表明了反对殖民主义的鲜明立场，积极参与有关活动，同时发现了香港、澳门已被列入将来进入独立国家行列的名单。中国立即就此大是大非问题向非殖民化特别委员会提出交涉，说明香港、澳门情况，要求将香港、澳门从联合国非殖民化名单上删除。

1972年3月8日，中国首任常驻联合国代表黄华奉命致函联合国非殖民化特别委员会主席萨利姆，强调"香港、澳门是帝国主义强加中国的一系列不平等条约的结果。香港和澳门问题完全是属于中国主权范围内的问题，根本不属于通常的所谓殖民地范畴"。中国代表团因此要求"立即从反殖民化特别委员会的文件以及联合国其他一切文件中取消关于香港、澳门是属于所谓殖民范畴的这一错误提法"。联合国非殖民化特别委员会就此进行了讨论，并向联合国大会提出报告，建议将中国香港、澳门从殖民地名单中删除。

1972 年 11 月，第二十七届联大召开会议讨论，最后以 99 票赞成、5 票反对通过决议，从反殖民宣言中适用的殖民地地区名单中删除中国香港、澳门。

如果没有记错的话，这 5 张反对票中就有英国。因为不久即 1972 年 12 月 14 日，英国常驻联合国代表致函联合国秘书长，说明联合国大会的行动和决议绝不影响香港的法律地位。对英国的无理致函，当时中国代表未予置评，因为这不值得一驳。

香港、澳门从非殖民化名单上删除，为以后中国与英国交涉解决香港回归问题，提供了最重要的政治上和法理上的依据，英国的一切胡搅蛮缠都是徒劳的。

英国撤出香港的绝密报告暴露了其虚伪本质

其实，英国政府明白，鉴于中国的态度，再想在 1997 年后延长香港的租借期是不可能的。出于自身利益，英国只剩下一个目的，尽力保持香港的经济发展和社会稳定，以便在讨论香港回归时增加与中国讨价还价的筹码，为英国获取更多的利益。香港在英国长期经营下已成为自由港，进出商品无关税或低税，这种低税政策使英国殖民政府收益极丰。但收益背后却是因为有中国大陆的支持，香港多方依赖内地，淡水、电力、食品、原料、人力资源等等，无不质优而价廉。

所以，英国香港问题部长委员会的绝密报告十分担忧中国"文革"运动的继续升级。这无疑也是受到澳门殖民政府做法的影响。"文革"的影响也波及了澳门。澳门左派运动兴起，给澳门殖民政府形成了压力。1967 年 1 月，澳门殖民政府曾一度在压力下提出归还澳门。这一事件也鼓舞、激发了香港左派人士的情绪，香港左派要求英国"滚出香港"的呼声此起彼伏。因而，在这样的背景下，绝密报告哀鸣"在当地共产主义者的长期精神压力下，我们或许不得不撤出"，报告还担忧中国在背后支持，认为如果有这样的支持，则更应"严肃考虑"撤出的可能性。

这份报告还毫无根据地猜测中国会采取"政治行动",如公开鼓励"香港共产党及其支持者的暴力和颠覆行动",也完全可以用"经济手段"击垮英国在香港的统治,诸如发动罢工及断绝食品、淡水供应等等。实际上这纯属小人之心,中国从未有武力收回香港的计划,也从未有过断水断粮的计划,中国的政策一直是期望香港繁荣稳定的。因为在改革开放前,中国大部分的外贸都是通过香港的转口贸易实现,80%的创汇来自香港。但英国以此两点作为英国不得不撤出香港的论点,实在毫无根据。

英国的这份报告,不仅毫不负责地臆测,还煞费苦心出谋划策,以使英国在关键时刻能从香港安全而退,万无一失地抽身,而尽量避免承担任何责任,由此可见英国的卑鄙。例如,报告考虑到了中国籍香港警务人员的安置,认为对维护香港治安起到重大作用的约3万名警务人员(包括家属约10万人左右),对英国是一个负担。所以报告建议,只协助这些人员在海外有立身之地,而不承担"任何责任"。报告还特别提出,假若英国撤出香港时,要警惕这些香港警务人员的忠诚问题——因为他们毕竟是中国人。

另外,报告还暴露了英国政府在香港民主问题上的虚伪性,这倒给我们上了一课——看看西方的所谓民主是何等言行不一!报告揭示,英国政府当时坚决反对在香港进行自由选举,因为英国殖民当局担心香港左派人士会在大选中获胜。这与英国政府后来在香港回归前对选举的主张是何等不同!香港总督麦理浩的话恐怕是英国所谓民主价值观言行不一的最好注脚:当时在香港举行自由选举"如果共产主义者获胜,那将是英国统治的终结;而如果是民族主义者获胜,也将带来共产主义"。这无疑反映了英国殖民主义者"无可奈何花落去"的心态,所以也才会有英国反对联合国从殖民地地区名单中删除香港、澳门而给联合国秘书长的函件,这表明英国内心仍然不愿放弃对香港的殖民统治,这从日后中英两国关于香港回归问题的谈判中更加暴露无遗。

中国主权不容谈判,香港终于回归祖国

早在20世纪70年代起,香港股市、房市投资者信心波动,特别是占香港土地面积92%的新界房地产投资商只能将契约期限延至1997年6月30日,有

前途未卜之感。英国方面开始不断试探中国关于解决香港问题的立场和态度。

1974年，毛泽东在会见英国首相希思时指出：香港在1997年应该有一个平稳的过渡。

1979年3月29日，香港总督麦理浩访问北京，向邓小平试探中国政府对1997年后的香港的态度。邓小平告知：香港主权属于中华人民共和国，这个问题不容讨论。但是，中国政府会考虑香港的特殊地位。中国政府可以明确地告诉英国政府，即使将来作出某种政治解决，无非一个是收回，一个是保持现状，不管哪种政治解决方式，都不会影响投资者的利益，请投资者放心。在本世纪和下世纪初相当长的时期内，香港还可以搞它的资本主义，我们搞我们的社会主义。

邓小平的这段话，合情合理，可以看作是中国政府对解决香港问题的合理态度和方针。未料，英国却以为可以得寸进尺。6月13日，在英国下院就麦理浩访问北京的信息进行辩论时，英国外交大臣欧文居然大放厥词，说香港并非时代的错误，而是成功之例，麦理浩访问北京也并不意味着英国想谈判解决香港问题，现在还不存在一个讨论香港问题的适当时机。7月5日，英国驻华大使向中国外交部递交《关于香港新界土地契约的问题备忘录》，并傲慢地表明中国可以不作答复。这无疑像黄华在回忆录中所说的，是"想让中国默认"！中国外交部立即答复：奉劝英方不要采取所建议的行动，否则形势将引起中英双方都不利的反应。当然，后来麦理浩作出解释：无意要求延长新界的租期，希望中方不要产生误解。

1981年4月3日，邓小平会见来访的英国外交大臣卡林顿时郑重说明：我在1979年对麦理浩爵士所说的，是中国政府的立场，是可以信赖的。

1982年4月6日，邓小平会见英国前首相希思时再次明确：中国要在1997年恢复对香港行使主权。中国愿意同英国谈判解决这个问题。

其实，在英国政府内部，很多政要也明确表示应该无条件将香港归还中国，但也有殖民思想根深蒂固的人提出谬论，主张归还主权后，中国和英国共同管理15~20年。当时英国首相撒切尔曾流露，非常不愿提及香港的主权问题，最好中方也别提，要提等三五年或10年、20年甚至30年再提更好。可见，撒切尔夫人头脑中的殖民主义思想也是存在的。而英国驻华大使柯利达、香港

▲1983年7月25日，外交部副部长姚广率中国政府代表团与英国驻华大使柯利达为首的英国政府代表团，在北京就中英香港问题第二阶段会谈举行第二次会议

总督尤德等人甚至讨论提出可交回主权，但由英国管理。但他们都被迫承认不可能使用武力，只能同中国谈判。

1982 年 9 月 22 日，撒切尔挟英阿马岛战争胜利的余威访华，竟公然坚称三个不平等条约仍然有效。如果中国同意英国 1997 年后继续管理香港，英国可以考虑中国提出的主权要求，这简直是强盗逻辑！任何一个知道中国近代史的中国人都知道：将香港割让给英国的《南京条约》是中国近代史上第一个不平等条约，它为西方列强蚕食中国开了一个极其恶劣、耻辱的先例，使中国开始跌入多灾多难的深渊。中国人怎能允许国耻不洗雪、国土不收回？

针对撒切尔的厥词，邓小平与她会见时予以强有力的驳斥，强调主权问题是一个不容讨论的问题。主权问题一点不容谈判，连半点也不能谈判……整个香港地区，不仅是新界，而且包括香港和九龙 1997 年都要收回，这一点在中国说来是肯定无疑的，不能有任何其他选择。

对英国散布的没有英国管理，香港经济就会崩溃，产生灾难性影响这一谬论，邓小平更是斩钉截铁地宣布：那时中国政府将被迫不得不对收回主权的时间和方式另作考虑……我们将勇敢地面对这种灾难，作出决策。

邓小平的绵里藏针和斩钉截铁，使得"铁娘子"无计可施，她在谈判结束时在人民大会堂北门台阶失足跪倒，这一幕被全世界的媒体所重重渲染，当时是黄华将她搀扶起来。撒切尔遇上了对手，她的心里一定焦急于香港这颗明珠终于要从女王皇冠上摘下被中国人民收回去了！

包括撒切尔在内的老牌殖民主义者，从来就不讲什么信义，撒切尔也称不上是一个成熟的政治家。她竟然违背自己郑重提议和邓小平同意的对外说法，在访华和会谈结束后，径直窜到香港召开记者招待会，大放厥词，胡说英国的立场是据三个条约。她竟然叫嚷：……不能毁约（指三个不平等条约），如果有一方不同意这些条约，想废除条约，则任何新的条约也没信心执行。中国当即发表回应声明：中华人民共和国政府的一贯立场是，不受这些不平等条约的约束，在条件成熟的时候收回香港整个地区！

撒切尔发表讲话的当日下午，香港学生即举行抗议游行。不仅是香港各界和媒体，包括英国人办的报纸，都反对英国顽固坚持"发了黄的条约"，"中国对香港的主权不容讨论"的呼声响彻香港。

今日的中国再也不能与晚清、北洋政府和国民党政府同日而语了。今日的中国已然早已挺起脊梁，再也不会忍受西方列强的凌辱与讹诈了！

对于中国的领土，无论她是怎样被蚕食的，中国一定要收回！

此后长达半年的时间里，英国一直坚持顽固立场，但到了1983年3月，撒切尔终于意识到她的谬误，主动写信给中国国务院总理。1983年7月，中英两国开始举行谈判，尽管此后的谈判仍然有波折，但经过十几轮艰苦的谈判，1984年9月18日中英双方就香港回归的全部问题达成协议，9月26日中英草签《联合声明》及三个附件。1984年12月19日，中英两国政府首脑在北京正式签署了关于香港问题的联合声明。1985年5月27日，中英两国政府代表在北京互换议会批准书，中英联合声明正式生效。

1997年6月30日午夜，百年耻辱终于一扫而尽。中英两国政府在香港举行政权交接仪式，让中国人100年来蒙受耻辱的米字旗终于降落，中国国旗终于高高飘扬在香港上空，飘扬在所有香港人和祖国人民的心中。

随着中国人民解放军威武之师的进驻，中国正式恢复对香港行使主权。

　　香港回归16年来，更加繁荣，更加昌盛，在险恶的金融风暴面前，在祖国母亲强有力的支持下，岿然屹立，这使得曾经一度妄想看笑话的英国不得不承认他们的预言彻底失算了！在香港选举等问题上，英国一直没有停止指手画脚。但是，香港并不因为可笑的指手画脚而停止她走向更加辉煌明天的坚定步伐！

　　回顾香港回归的历程，是一部中国人民为收回领土不屈不挠顽强斗争的历程：回顾历史，更会痛惜软弱的国民政府使香港回归的时间整整推迟了52年！唯因如此，中国人民更会珍惜得之不易的一切！中国人民固然扬眉吐气，但更会为中华民族的全面复兴而继续拼搏！香港，这颗东方之珠，一定会越来越迸射出耀眼灿烂的光芒。

　　有一首脍炙人口的歌曲《东方之珠》，很多很多内地人和香港人都喜欢唱，因为它表达了人们对香港的热爱，这饱含激情的歌声会永远萦回在人们的心里：

　　　　……
　　　　让海风吹拂了五千年
　　　　每一滴泪珠仿佛都说出你的尊严
　　　　让海潮伴我来保佑你
　　　　请别忘记我永远不变黄色的脸
　　　　……

白山黑水的悲怆
——抗战后东北主权严重丧失纪实

1943 年 11 月美、英、苏在德黑兰召开会议，并发表《开罗宣言》，申明日本应归还其"所窃取中国之领土，例如满洲（即东北）、台湾、澎湖列岛等"，但抗战胜利后，遭受过沙俄掠劫和日本奴役 14 年的东北，名义上虽然主权归还中国，却受到苏联对港口、铁路等的强占，对东北的财产予以疯狂掠夺。中国的主权和权益受到了极大的伤害。

我国东北一直是当年沙皇俄国和日本帝国主义觊觎的一块肥肉。沙俄要员曾多次表示要"占领满洲的一部分"，进而"在所有区域建立俄国政权"。

1858 年，沙俄借英法联军侵略我国津京之际，以武力逼迫清朝政府签订《中俄瑷珲条约》，割去黑龙江以北、外兴安岭以南 60 多万平方公里土地，还将乌苏里江以东中国领土划为"中俄共管"。1860 年，英法联军攻陷北京后，沙俄又趁机以"调停"名义，强迫清政府签订《中俄北京条约》，将原乌苏里江以东所谓"中俄共管"约 40 万平方公里的中国领土强行划入沙俄版图。

1896 年，沙俄又以贿赂李鸿章的劣卑手段，诱骗其签订《中俄密约》，强行获取在中国东北的铁路建筑权，并陆续获取东北中东铁路沿线地区行政、驻军、司法、采矿、贸易减免税等特权，中国东北北部实际已沦为沙俄势力范围。

1898 年，沙俄犹嫌不足，以武力威胁和金钱贿赂李鸿章，强迫清政府同意租借旅顺口、大连湾及临近水面，并获取中东铁路支线（由哈尔滨至旅顺、大连）修筑权，实际使整个东北全境沦为沙俄的半殖民地。

东北曾成为沙俄半殖民地，全境一度被占领

东三省曾被沙俄占领，日俄战争后又被分赃，现在很多年轻人恐怕不知道，中国领土东三省曾被沙俄出兵强占。

1900 年，义和团运动爆发。4 月 6 日，英美等四国向清政府发出联合通牒，限在两月之内"剿清"义和团，否则派出水陆各军代为"剿除"。俄、美等国列强一致决定调兵入北京"保护使团"，八国驻华公使照会清政府，并要求其提供运输便利，清政府被迫同意美、俄、英、法、日海军陆战队于 5 月 31 日抵达北京。6 月 17 日大沽炮台陷落，6 月 21 日，清朝政府正式向列强宣战。《宣战上谕》称列强 30 年"益肆枭张，欺凌我国家，侵占我土地，蹂躏我民人，勒索财物"，"与其苟且图存，贻羞万古，孰若大张挞伐，一决雌雄"。

▲沙俄侵略军捕杀义和团团民

但 29 日又向列强解释是宣战出于被迫，请求各国原谅。

俄国出于扩张目的，趁火打劫，于 7 月对中国东北居民开始血腥大屠杀。制造了"海兰泡大惨案"。海兰泡位于中国黑龙江瑷珲黑河镇对岸，为中国所属居民村。第二次鸦片战争时期被沙俄强占，改名为布拉戈维申斯克。7 月 15 日至 21 日，沙俄出动步、骑兵，对手无寸铁的中国人连续四次屠杀，共枪杀、砍杀、驱入江中淹死 5000 多人。同时对位于黑龙江左岸中国境内的江东

▲记载血洗海兰泡和强占江东六十四屯的县志

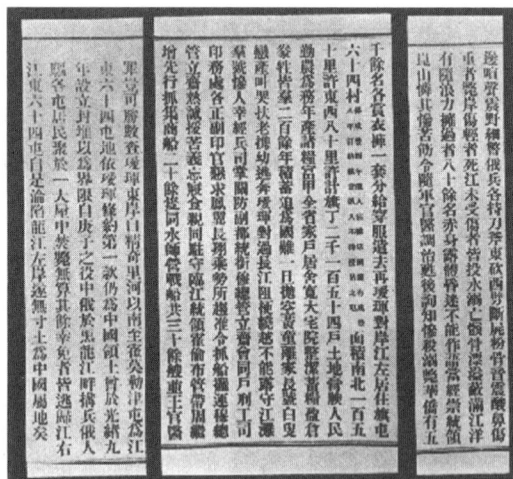

▲记载血洗海兰泡和强占江东六十四屯的县志

▲1900年8月，沙俄侵略军在哈尔滨登陆

▲俄军侵入盛京（沈阳）皇宫

六十四屯，也烧杀、溺死手无寸铁的中国人2000多人。8月12日，沙俄强行宣布该地"归属"俄国。

8月16日至8月18日，八国联军在北京大肆洗劫。14日紫禁城陷落，俄军贴出《俄国布告》："如遇有执持枪械华人，定必即行正法。若由某房放枪，即将该房焚毁。"俄军大肆抢劫屠掠，犯下了滔天罪行。

8月25日，吉林将军长顺与沙俄在伯力签订"和议"，约定"两军相见，以白旗在先，各不开枪，让道而行"，致使俄军在东北如入无人之境。9月，俄军继续向东三省推进。22日，俄军进入吉林，将财物抢掠一空。28日，辽阳失陷。10月1日，东北全境沦陷。

11月1日，盛京将军增祺派代表与沙俄关东军区长官阿列克谢耶夫签订《奉天交地暂且章程》，这个"章程"其实是沙俄一手炮制的，其目的是要使沙俄侵占东三省获得"法律依据"，当时东三省全境皆已被俄军占领，盛京将军增祺亦被软禁。"章程"中丧权之款主要为：保护俄兵营房，提供军粮；由盛京将军保护地方，助造铁路；遣散中国军队，交出军火；拆毁全省炮台和火药局；俄国派员到盛京参与政务；等等。

11月13日，俄国财政大臣维特、陆军大臣克罗巴特金、外交大臣兰姆斯

141

道夫迫不及待开会，拟定东三省殖民化的《俄国政府监理满洲之原则》，规定俄国"临时占领满洲"，清军须全部撤出；由俄远东军事长官监督东三省将军等；清政府在东北任命将军等须先与俄国公使商量；此外，在东三省设立沙俄军事法庭。

沙俄借八国联军的入侵，对东三省实行了军事占领，沙皇尼古拉二世宣布：中国东三省"南南北北都有了我们的军队"，俄国的《新时代报》甚至兴高采烈地将东三省称为"黄俄罗斯"。

1901年2月，清政府拒绝签订合同

1901年1月2日，驻俄公使杨儒被清政府任命为全权大臣，始与沙俄交涉收回东三省。此前，清政府并不知道《奉天交地暂且章程》，知道后立即将增祺革职，并通告俄方，《章程》系已革道员周冕（周为增祺所派与沙俄签约之代表，当时已被革职）"擅行妄订，不能作数"，因而断无"请批之理"。同时，《章程》被英国《泰晤士报》披露，引起列强抗议。

1月17日、2月16日、3月13日，沙俄三次以口头、书面形式提出交涉条件约稿，以永久占领东三省威胁清政府限日签署。但约稿与"章程"核心大同小异。同时，沙俄还曾有过一并图谋蒙古、新疆和华北的方案。对约稿，杨儒一再坚拒。同时，英、日、德、美列强对沙俄行径大为抗议，因为列强觉得"使其他国家吃亏"，警告清政府未得列强同意，不能批准约稿。3月18日，俄驻华公使约见奕劻、李鸿章，限3月26日前签字画押。地方大员刘坤一、张之洞则坚决反对签约。3月24日，清政府电令驻俄使馆："中国为各国所迫情形……不能遽行画押。"

10月10日，沙俄财政部

▲沙皇尼古拉二世检阅开赴侵华战场的侵略军

驻华代表鲍斯洛夫奉命向李鸿章提出：与俄道胜银行订立秘密合同，规定俄国将获得奉天全省金矿、东北油矿、铁路两侧 8 公里之内所有煤矿、鸭绿江流域森林采伐权，及在东北建设道路、电话、电报权，铁路两侧 8 公里无论政府或个人土地让与俄国，并可在秦皇岛、鸭绿江口等地设租界；可从南满铁路建筑直抵营口的支路。中国同意这一合同，俄方才会根据 10 月 5 日沙俄驻华公使雷萨尔向李鸿章提出的新约稿，将分期撤兵将东三省交还。这个新约稿也是丧权辱国的不平等条约，其中竟规定：清政府须保护东省铁路和俄国在东北的一切企业；东北不再发生变化；中国东北驻军不得用炮，且驻军人数与地点须征得沙俄政府同意。对于这一卖国之约稿，一向受沙俄贿赂的李鸿章居然表示接受新约稿，但他明白秘密合同对中国伤害太大，遂加以拒绝。

1902 年 4 月 8 日，中国特命全权大臣奕劻、王文韶与俄驻华公使在北京签订中俄《交接东三省条约》，规定俄军以一年半分三期从东北撤军，但附加条件是东三省不再发生变乱，亦不许有他国牵制。而且中国驻东三省军队人数与地点，仍须与俄国协商决定。沙俄本来处心积虑欲侵吞东三省，但由于中国政府抵制和列强干涉，再加上久拖不决，"在财政上和政治上都会破产"，才作出了让步。但这个"交接条约"仍然是一个不平等的丧权条约。

但反复无常的沙俄政府又不甘心失去到口的肥肉，又于 1903 年 4 月 18 日令驻华代理公使柏兰荪向清政府提出七项新要求：退还各地如牛庄、辽河两岸等，不得让与、租赁等，蒙古现行体制不得变更；中国聘请洋人管理行政部门，其权力不得施及满、蒙，中国北部事务应专门成立机构，由俄人管理；俄国继续管理从旅顺到营口、沈阳的电线；俄国属民或俄国机构于占领期间在满洲所获得的一切权利在俄军撤走之后依然有效；等等。沙俄此意明里是使东

▲1905年9月5日，日俄在英国签订《朴茨茅斯条约》，擅自对中国东北分割"势力范围"

北变成独占的势力范围，而且沙俄也并未履行撤军步骤，反将大批军舰调到旅顺口。在第二期撤兵期内，又调重兵占领营口。1903 年 4 月 8 日，第二期时限已到，沙俄却公然拒绝。

沙俄的野心引起国人共愤，京师学生乃至留日学生，纷纷成立"抗俄铁血会""关东独立自卫军""拒俄义务队"，日、美两国也抗议沙俄违背"门户

▲俄军投降后，日军进入旅顺

开放"原则，蔡元培还在上海主办《俄事警闻》，宣传拒俄。"俄事"即指沙俄对中国东三省的侵略和企图永占为殖民地的野心。

1904 年 12 月 8 日，日本突袭驻旅顺口的俄国舰队，日俄战争遂于东北全境爆发。10 日，两国正式宣战。12 日，腐败的清政府竟然以"两国均系友邦"为名宣布"局外中立"。1905 年 1 月 1 日，旅顺口俄军投降。9 月，俄国大臣维特与日本外相小村寿太郎在英国的朴茨茅斯签订《朴茨茅斯条约》。规定俄国承认朝鲜属日本势力范围，将库页岛南部及附近全部岛屿割让给日本；将旅大租借地、长春到旅顺的铁路及与此有关的在中国的一切特权转让与日本。

在 8 月　日、俄双方谈判前，清政府已向俄、日两国及其他国家声明：凡俄、日两国议和条款中牵涉中国之条款而又未经与中国商定者，中国政府一概不予承认，但两个强盗置若罔闻，还是将中国东北权益擅自交割，视为己物。

1905 年 12 月 22 日，日本外相小村寿太郎与清政府外交部总理大臣奕劻

在北京签订《中日会议东三省事宜条约》，其目的是强迫清政府承认日本从沙俄手中抢劫来的中国东北利益为合法。条约中充斥着强盗条款，主要为：中国承认旅顺大连租借地、长春到旅顺铁路及其支线及与上述租借地铁路相关

▲修葺一新的旅顺苏军烈士陵园

的一切权利全部移让日本；允许开放辽阳、凤凰城、长春、吉林、哈尔滨、宁古塔、瑷珲、齐齐哈尔、满洲里等为商埠；允许日本在奉天、营口、安东划定租界和直接经营安奉铁路；允许日本在鸭绿江右岸采伐森林；等等。这个条约等于将沙俄原强占中国东三省的权益以法律文件的形式交给了日本。此后，日本公然在东北设"关东都督府"，以实施"关东州"（大连、旅顺租界）统治。1906 年 7 月 31 日，日本又公然设立"关东州"建制，清政府几番抗议，但日本置之不理。

总而言之，东北多年来一直成为俄、日帝国主义砧上之肉，任其宰割掠夺，俄、日从东北掠劫了多少资源，屠杀了多少中国同胞，迄今尚无详细统计。

由于在中国东北发动的日俄战争中，沙俄惨败。1907 年，日俄签订密约《日俄协定》《日俄秘密协约》，将中国东北南部和朝鲜划为日本势力范围，东北北部和外蒙则划为沙俄势力范围（日俄战争后，日本接管中东铁路经营权，并成立"南满铁路株式会社"予以管理）。两个强盗还互相保证不在对方势力范围内扩张自己的势力，沙俄承认日本与朝鲜的"共同政治联系"，而日本则承认"俄国在外蒙古的特殊利益"。两个强盗居然拿着中国的领土和权益交换分赃。1907 年 8 月 30 日，俄国东省铁路分别同吉林、黑龙江省地方官员签订两份《东省铁路公司购地合同》和两份《煤矿合同》及《吉林木植合同》，

从而深化控制东北煤矿和林业资源(《20世纪中国全记录》,北岳文艺出版社
1995年版)。

从此,沙俄在中国东北不断开设工厂、矿山、银行,修路,倾销商品,
减免税额,发行货币,实行经济侵略,大肆掠夺中国财政金融权。同时还驻扎
军队,行使治外法权等,中国的东北在当时已不折不扣地成为沙俄和日本的半
殖民地。

苏维埃政府宣布放弃沙俄在中国的特权,北洋政府不敢收回主权

1917年,俄国爆发"十月革命",建立起世界上第一个社会主义国家苏维
埃政府(当时中国北洋政府称之为"俄国苏农政府")。当时段祺瑞政府追随
协约国,不承认苏俄,并允许前帝俄驻华官员留任。同年12月,列宁领导的
苏维埃政府正式宣布放弃帝俄时期对东方各国的一切特权。1919年7月,苏
维埃政府又发表对中国有关问题的单独声明,宣布放弃沙俄在中国的特权及中
俄两国之间签订的不平等条约。1920年4月,苏维埃政府再次重申对中国的
诺言,宣布废止1901年北京条约、1906年中俄密约、1907年有关中国问题的
日俄密约等,同时还宣布凡沙皇俄国以不平等的掠夺手段向中国获取的各项权
利,一律无偿交还中国;同时放弃1900年中国对沙俄的庚子赔款,但希望中
国政府不要将此款交付沙俄遗留在中国的外交人员(沙皇政府倒台后,其派出
中国的外交人员一直存在)继续使用。列宁领导的苏维埃政府的一系列对华声
明,与当时列强以种种不平等姿态欺凌中国形成了一个鲜明的对比,对处在受
列强侵略的中国人民是一个极大的关爱。

当时全国学生及各界团体纷纷通电向苏维埃政府致意,并呼吁北洋政府
与苏维埃政府建立正式邦交。

但一向媚外的北洋政府,却要看西方列强和日本的脸色行事。如1918年,
中东铁路苏共党员组织俄侨夺取中东路控制权,成立哈尔滨工、兵代表苏维
埃。段祺瑞先允许前帝俄中东路总办霍尔瓦特留任,后指令吉、黑当局派兵将
苏维埃取缔。后苏俄提出由苏俄政府与中国政府组成中俄混合委员会,以解决
中东路问题,但段政府竟置之不理。1920年上海军阀卢永祥于"五一"节特

别戒严，要防止"俄国过激主义的传染"，并密电向北洋政府报告。同年8月26日，苏维埃政府派遣代表至北京进行建交谈判，但英、美、法、日四列强驻华公使联合向北洋政府施压，北洋政府亦不敢公开谈判。同时，沙皇俄国已被推翻3年，但北洋政府仍然给予沙俄留滞中国的公使、领事外交官待遇，并依然从中国取得庚子赔款，这岂非咄咄怪事？由此可见北洋政府一贯媚外的昏庸。直到苏维埃政府再次宣布放弃沙俄在中国特权并废弃了不平等条约、庚子赔款，并告知中国勿再以庚子赔款交付沙俄驻华遗留外交人员，北洋政府才于7月1日停付赔款。8月22日，英、法、日三国驻华公使公然表示反对。9月22日，北洋政府外交部通知各地电报局，以后不再代递俄国公使馆密电，在沙俄留华公使库达舍夫"提出抗议"后，外交总长颜惠庆即示意其自动辞职。中国政府地方当局于本月相继收回汉口和天津的俄租界。23日，北洋政府正式宣布停止俄外交人员待遇。美国指使日、法公使建议沙俄在华利益不能由中国收回，而应交外交团公管，并公然正式照会中国外交部。在列强的压力下，10月北洋政府在接收沙俄在华租界及附属财产时，竟开具清单送交列强外交团，并声明"暂由中国代管，决不因此影响各国在华权益"（后一句才是列强阻挠中国收回主权的本意）。11月18日，列强外交团又照会北洋政府，对取消沙俄在华治外法权"表示不满"，北洋政府彻底屈服，将沙俄公使馆及附属财产、房屋交由外交团代管，保持使馆界的"神圣不可侵犯"。当时上海租界内的帝俄总领事，在列强支持下，居然仍旧行使司法权与行政权，后来经再三交涉，名义虽改为中国特派管理，但内部事务仍由总领事以"会办"名义执行。

11月28日苏维埃政府发表声明，除重申愿意根本废止帝俄与中国所订立的一切不平等条约及所得特权外，对中国政府停止帝俄外交人员待遇表示满意，并期望中苏两国建立外交关系。列强对此大为恐慌，百般加以阻挠。因为一战结束后，德、奥两国因战败，其在中国的特权已被废止。如中国收回沙俄特权，必会为中国废止其他列强在华特权所仿效。故如美国总统威尔逊在巴黎和会上所云："这次世界战争，就是为了保持条约神圣。"美国自诩与中国有"传统之友谊"，但它从来都在干涉中国内政、维护列强在华特权和利益。由于列强包括美国等阻挠，中国迟至1924年5月才解决中苏建交问题。1924年3月中苏签订《平等条约》，5月中苏签订《中俄北京协定》，互相承认建交，苏方宣布废除以前所订一切不平等条约，放弃在华所得租界、租界地庚子赔款、领事裁判权等等，但苏方以后并未完全履行，如中东铁路问题。

总而言之，北洋政府骨子里继承了那拉氏、袁世凯的衣钵，一贯媚外，屈从列强，拿中国主权和利益做交换，以维护其腐朽统治。这一点，自诩为正统的北洋政府，还不如他们一贯瞧不起的"红胡子"出身的张作霖，张氏曾一度收回沙俄在东北中东铁路等权益。而之后继承中华民国"法统"的蒋介石政府，却比北洋政府走得更远，在抗战胜利后使东北主权严重丧失。

1931年，日本军国主义发动九一八事变，进而占领了东三省，并扶植汉奸政权伪满洲国，使中国的东三省被奴役达14年之久！这期间，沙俄在中国东北的特权自然也被日寇独占。当时苏联政府出于一己之私，避免与德国、日本两面作战，不顾国际信义，竟然与日本签订互不侵犯条约，并公然承认伪满洲国，以此交换与日本相安无事。并且切断了本来就少得可怜的对华援助（人们可能不知道，十四年抗战，中国几乎没有得到任何外援，80%的军火均由德国提供，到了后期，美国为自己的利益才开始向中国提供军援）。这对当时正在艰苦抗击日寇的中国人民是一个不可饶恕的伤害！在二战中，苏联不仅同日本妥协，还同希特勒签订了互不侵犯条约；并公然践踏国际法，与希特勒合谋共同闪击波兰，并堂而皇之地瓜分了波兰领土。之后还制造毫无人性的"卡廷事件"，杀害活埋数万波兰知识分子、军官。简述苏联之所作所为，哪里有一丝一毫的"社会主义"和"国际主义"的气味呢？

更令人气愤的是，在抗战胜利前夕，苏联借口出兵

▲列宁曾多次批评斯大林的沙文主义倾向

东北，再次借机掠取中国的利益，不仅迫使中国政府同意外蒙古独立，同时还恬不知耻地要收回以前沙俄在东北的各项权益，使得遍体鳞伤的中国再一次被自己的同盟国肆意加以宰割。

美、英与斯大林秘密交易，签订了牺牲中国主权的《雅尔塔协定》。

国民党与苏联签订有关丧失东北权益的四个协定

斯大林一直处心积虑地恢复沙俄时代在中国东北的利益，1945 年 2 月 11 日，美、英、苏三国牺牲中国利益划定势力范围，签订秘密的《雅尔塔协定》，其全文不长，但却基本上是以牺牲中国主权为主旨。全文引述如下："一九四五年二月十一日，罗斯福、丘吉尔、斯大林代表美、英、苏在雅尔塔签订一项包括苏联参加对日作战之政治条件的协定。"此协定全文如下：

苏美英三强领袖同意，在德国投降及欧洲战争结束两个月或三个月内苏联将参加同盟国方面对日作战，其条件为：

（一）外蒙古（蒙古人民共和国）的现状须予维持。

（二）由日本一九〇四年背信弃义进攻所破坏的俄国以前权益需予恢复，即：

（甲）库页岛南部及邻近一切岛屿须交还苏联。

（乙）大连商业港须国际化。苏联在该港的优越权益须予保证，苏联之租用旅顺港为海军基地须予恢复。

（丙）对担任通往大连之出路的中东铁路和南满铁路应设立一苏中合办的公司以共同经营之；经谅解，苏联的优越权益须予保证而中国须保持在满洲的全部主权。

（三）千岛群岛须交予苏联。

经谅解，有关外蒙古及上述港口铁路的协定尚须征得蒋介石委员长的同意。根据斯大林元帅的提议，美总统将采取步骤以取得该项同意。

苏联本身表示准备和中国国民政府签订一项苏中友好同盟协定，俾以其武力协助中国达成自日枷锁下解放中国之目的。

这个字里行间充斥着强权色彩和殖民主义腔调的所谓协定是背着中国政府出炉的，虽然后来中国当时的国民党政府几经和苏联谈判，但最终经蒋介石同意签订了辱国丧权之盟，不仅同意苏联肢解出中国的外蒙古，同时拱手让出中国东北的重大权益。

1945 年 6 月 27 日、8 月 5 日，国民党政府派出宋子文、王世杰、蒋经国等组成的中国政府代表团，与苏联举行艰苦的谈判，但最终仍不得不屈服于苏联的强硬态度。除签订了《中华民国、苏维埃社会主义共和国联盟友好同盟条约》外，还发表了由两国外交部长署名的关于外蒙古分离出中国的两个外交照会；签订了苏联在中国东北拥有特权的四项协定。这四项协定分别为：

一、《中华民国与苏维埃社会主义共和国联盟关于中国长春铁路之协定》。该协定胡说日寇投降后"中东铁路及南满铁路由满洲里至绥芬河及由哈尔滨至大连旅顺之干线"，应归中国和苏联"共同所有并共同经营"。虽然协定表面上说"共同经营，应在中国主权之下"，但共同所有权平均分属双方，为管理此路单独成立中国长春铁路公司，公司各级主管、理事须由中、苏双方人士分担，苏联使用该铁路过境或运往大连、旅顺免交任何捐税，且共同经营期为30 年。中方在协定中所获得的权利大概只有"路警归中国负责"，这就是说，中国丧失权益，还要自己出路警去保护劫掠者！

二、《关于旅顺口之协定》。这个协定实际等于同意苏联将旅顺口霸占为军港，完全恢复到了沙俄时代的状况。协定规定旅顺口为"纯粹海军根据地，仅由中苏两国军舰及商船使用"，基地防护归苏方，共同使用期为30 年。虽然协定规定民事行政权属中方，但旅顺口成为苏联军港，中方实际是不能染指的。

三、《关于大连之协定》。该协定虽然表面同意"保证尊重中国管辖中国东三省全部之主权视其为中国之不可分离部分"，但中国却要同意宣布"大连为一自由港，对各国贸易及航运一律开放"。苏联境内直达大连的货物免除一切关税。该港运往中国各地的货物要向中国交纳进口税，协定有效期为30 年。虽然表面规定行政权属中国，但中国实际上是不能完全行使的。

四、《关于中苏此次共同对日作战苏联军队进入中国东三省后苏军总司令与中国行政当局关系之协定》。该协定规定苏军在东三省的全部军事行动，一律由苏军总司令指挥，中方只能派出军事代表团驻苏军司令部内负责联系。所有中国籍军民均归中国管理，在苏军收复地区中方代表设立行政机构，但要与苏军"积极合作"。该协定还附有中国政府外交部长宋子文与斯大林第五次会谈记录。斯大林在会谈中不同意在协定中规定"日本投降后三个月内苏军撤走"，仅仅声明苏方在日本投降后的三个星期内开始撤军。记录中记录了斯大林在回答宋子文关于全部撤军所需时间时，斯大林保证"不超过两个月"，"三个月足为完成撤退之期"。但事实证明斯大林食言而肥，最后撤军用了8个月之久！为何要拖？因为苏联掠夺东北的物资需要时日，这在后文将谈及。

　　这上述四个协定已然丧权辱国令人触目惊心了，据说蒋介石看到之后也大为痛心疾首。斯大林本来就欲利用对日宣战趁机扩张苏联在华利益，再加上英美支持，中国没有与苏联抗衡的力量。《雅尔塔协定》不单单仅看成是苏联沙文主义扩张行径，关键是二战后两大阵营对势力范围的重新划分。故苏联在美、英支持下有恃无恐，视中国为刀俎之物。据蒋经国回忆，实际在谈判中苏方更为肆无忌惮而贪婪嚣张之极："我还记得，在签订了友好条约时，苏方代表又节外生枝。他的外交部远东司的主管，同我商量，要求在条约上附上一张地图，并在旅顺港沿海一带区域划了一条黑线。大概离港口有20里的距离，在这条线内，要归旅顺港管辖。……俄国的这一要求，显然是不合理的，为了这一问题，争执了半天，从下午四点到深夜两点钟。还没有解决。他拿出一张地图，就是沙皇时代俄国租借旅顺的旧图，在这张地图上划了一条黑线。并且指着说：'根据这张图所以我要划这一条线。'我觉得非常滑稽，因此讥讽他们说，这是你们沙俄时代的东西，你们不是早已宣布，把沙皇时代所有一切条约都废止了吗？一切权利都全部放弃了吗？你现在还要拿出这个古董来，不是等于承认你们所打倒的沙皇政府吗？他有点着急地说：'你不能侮辱我

▲苏军向日本关东军发起进攻

▲蒋介石与蒋经国、蒋纬国

▲蒋介石扶杖深思的表情出现于晚年的照片中

们的苏联政府！'我说：你为什么要根据这个东西来谈判呢？不是等于告诉全世界说，你们还是同沙皇政府一样的吗？……我说：你要订约可以，但无论如何这一条线是不能划下的。经过一番力争之后，这一张图，虽附上去了，可是那条线始终没有划出。"由此可见苏联急欲扩张已到了何等利令智昏的地步！

从大的范围内看，蒋介石不敢与英、美、苏闹翻，去维护国家完整与主权，其私心亦有寄希望于对苏联让步，使苏军出兵东北，保存自己的实力以期在今后与中共决一雌雄，另达到使苏方能击溃日本后将东北的统治权不交给中共而交给国民党，故而一再屈服于斯大林的压力。但是，这种丧权辱国屈服强权的做法，却使东北权益极大丧失，东北的财产、人民受到极大的掠夺和欺凌，东三省在经历日寇奴役 14 年的惨痛苦难之后，又再一次遭到洗劫！

苏联单独接收运走日寇武器装备，盗运东北经济设施

实质上丧权辱国的《中苏友好同盟条约》签约后，蒋经国于 1945 年 9 月 14 日出任外交部东北特派员，专职与苏联交涉具体事宜。此时苏军已横扫东北，不可一世的日本关东军土崩瓦解，解帜而降。因而蒋经国不仅仅是一个外交官，还是蒋介石亲派"口含天宪"处理东北问题和与苏联交涉的全权代表。其主要任务是协调苏军撤离东北与国民党军换防进驻；同时接收苏军缴获日军的各类武器，并阻止苏军拆迁中国东北工业设备和抢掠物资。

从国民党方面来说，很急于抢在中共之前占领东北；而从苏联方面来说，其卑劣用心主要是劫掠中国工业设备和物资，接收运走日本交出的各类武器装备。

10 月 13 日至 11 月 5 日，蒋经国与东北行营主任熊式辉共同与进驻东北的苏军总司令华西列夫斯基元帅举行七次正式会谈。但苏方顽固将中苏条约已规定的日本投降后三个月撤军的日期一拖再拖，单方面强硬要求推迟到 12 月 2 日。但到期苏方仍未撤军，12 月 5 日至 9 日，蒋经国与东北经济委员会主任兼中长铁路董事会主席张嘉与华西列夫斯基再次会谈，议定苏军撤退日期为次年 2 月 1 日（当然会谈的目的还有国民党方面紧急向东北运兵抢占战略要地）。

当时日本关东军号称百万，截至苏军进攻时，总兵力共约 75 万人。由于日本关东军是战略储备部队，并有攻击苏联本土的战略构想，其装备颇为先进齐全，并有兵器制造、修理各类机构。据当时国民党方面的统计，日本关东军投降时遗留武器装备计有各类飞机 925 架，坦克、装甲车 700 余辆，各种机动车辆 6600 余辆，火炮 2600 余门，轻重机枪 13800 余挺，步枪 70 余万支，骡马 12 万匹，弹药库 742 座，及各种飞机、火车机车、修理制造武器机构及医院、研究机构等。

如此丰厚的武器装备，对于二战中蒙受巨大损失的苏联来说，当然不会放过而极度垂涎。苏联借二战机会，大肆掠夺战败国的物资设备是有劣迹在前的。苏军在德国的劫掠是闻名于世的。斯大林当时千方百计拖延同中国关于承诺出兵东北及外蒙古、东北主权的谈判，就是为了能从容地在德国分赃劫掠。

▲日本关东军缴械投降

根据中苏约定，日本关东军的武器装备，应无条件交与中国。但苏方要尽一切手腕，死皮赖脸以各种借口拖延、抵赖。最后无法拖下去，竟回复中国，称关东军的武器只有步枪 3000 支、马刀 148 把。这岂非滑天下之大稽！苏方还不惜撒下瞒天大谎，诡称关东军的全部武器已移交中共领导的东北民主联军。苏联不顾国际信义，公然违反《雅尔塔协定》，严重侵犯了战胜国中国在自己的国土上接收战利品、维护国家主权的权利。苏联的无耻谎言连国民党政府也不相信，如果当年东北民主联军得到关东军的军火，辽沈战役的发起会大大提前，国民党就更不是中共的对手了，整个解放战争的军事实力对比也会大大有利于中共。请看，中共在三年解放战争中几次大会战中几乎未曾动用飞机、坦克。直至建国之初，中共空军才仓促成立，所辖不过十几架杂牌飞机，其目的主要还是为了参加开国大典检阅和保卫大典的顺利进行。苏联不是睁着眼睛说瞎话吗？

如果说因为苏军进军东北，横扫日寇，运走日本武器装备还勉强成其为借口的话，那对中国东北地区的工业装备、原料加以掠夺，则是不折不扣的强盗行径，而更加野蛮和赤裸裸了。

苏军在横扫东北之际，已对日本属下的工厂、企业、矿山进行了摸底调查，并制订了一整套详细拆运中国工业设备的计划。首先，苏军提出对东北主要工矿实行中苏共管，立即遭到国民党方面张嘉璈、蒋经国的明确拒绝。苏联随后居然厚颜无耻地提出要向日方购买全部在华工业技术和设备，日本已是战败国，岂可再有发言权？这理所当然再次遭到中方拒绝。苏方无计可施，干脆无耻地提出要把日本利用中国劳工和中国原材料、资料修建的工矿企业设备列为"战利品"运往苏联，这更遭到中国方面的严正拒绝，中方指出，依国际惯例"战利品"只能是"敌人之作战武器及与军事直接有关之供应品"，工业实体、经济实体绝不能成为"战利品"。苏联在战胜纳粹德国后以"赔偿"为名，大肆盗运各种设备，他想照此办理，但苏联忘记了，中国是战胜国，与纳粹德国岂可同日而语、比肩而列？

苏联的种种伎俩不能得逞，干脆明火执仗地拆卸盗运起来。现在想起当年苏军的强盗行为，作为中国人不能不感到耻辱和隐痛。例如东北当时的小丰满水电站，其发电能力和精良设备在当时名列世界第四、亚洲第一，当时有两万中国华北劳工和战俘在日寇逼迫下因修建这座水电站累、病而死。日本除利用中国劳动力和原料、资源外，其发电设备均订购于美国、德国、瑞士，共计10套70万瓦（因太平洋战争突然爆发有2套设备停止供货）。这8套最先进的发电设备，本来苏军拟全部盗运回国，但为避免整个小丰满电站因此而报废（如果全拆，连苏军使用亦会受到影响），苏军才勉强盗运走6套，甚至连螺丝钉都一个不剩席卷而走。

中国东北的鞍钢在当时世界上已名列十大钢铁中心之一，年产钢铁200万吨，有炼钢、炼铁、轧钢、特殊钢、钢轴、钢件、无缝钢管厂等80多个分厂，其设备、控制系统在当时的30年代都是世界一流的。但就是这些中国最宝贵的钢铁冶炼关键设备和部件，大部分被苏军野蛮地拆卸盗运回国。据统计在当时就已价值9亿多美元。沈阳、本溪的钢铁企业被苏军拆走设备损失达百分之五十，通化、开原的钢铁企业损失则高达百分之百。据当时不完全统计，因主要设备或部件被苏军拆、盗，苏军占领区内电力生产能力由180万千瓦下降至60万千瓦，煤矿生产能力损失2000万吨，铁路损失达2.1亿美元，食品工业损失达5900万美元。其他如机械、燃料、化工、水泥、非金属工业、电信、造纸等涉及社会经济各个部门的损失则无法详尽统计。

中国东北在张作霖、张学良父子统治时期，苦心经营几十年，已具备飞机制造、军火制造、铁路、邮电、工厂等各种行业，在

▲张作霖

当时中国甚至世界也是颇具规模的；未承想，被苏联借口"友好关系"出兵东北，日本侵略者倒是投降了，但中国东北的工业财富却被劫掠一空。苏联的贪婪今天想起来犹令人发指，几乎不放过一切可以盗取的机会。如苏军曾在日本南满铁路株式会社图书馆劫走珍贵的《永乐大典》残卷数十卷，一直要赖不还，直到50年代中期才被新中国政府外交部索回。

苏联的盗运行为，引起了国民党政府和蒋经国的多次抗议，但苏联不管不顾，直到基本无物可盗，才于1946年5月3日撤军完毕。苏军在华西列斯基元帅的统一指挥下，明里暗里将所有能装上火车的设备物资通过中长路、中东路、南满铁路，经绥芬河、满洲里东西两路，昼夜不停地运往苏联。苏军的行径曾引起国际关注，据专为此事成立来华的美国鲍莱特调查团不完全统计，东北全部表面可见的因苏军盗运劫掠产生的直接损失竟达20亿美元！其间接或因停工造成的损失尚未计算在内。这些在当时40年代世界一流的各种行业的主要设备，转瞬之间化为乌有！

蒋介石是负有责任的，因为他一心想与中共争夺东北，对东北的权益受损，没有采取任何实际有效的行动。人们不会忘记，普通的中国人曾奋起反抗过苏军的强盗行径，在东北有一位工人因反抗苏军拆盗设备而被苏军士兵当场残忍枪杀，从而导致重庆等各地大学生的游行示威，以抗议苏军的野蛮行为。与这位普通的中国工人相比，蒋介石这位当时中国的最高领袖，不应该愧疚至死吗？

至今没有一部详尽的史料记录罪行

当年苏军除了在东北大肆掠夺各种工业设备之外，还肆无忌惮地抢劫、强奸、酗酒闹事，甚至开枪杀人！苏军在东北的种种劣行——说罪行也不为过！至今据我孤陋寡闻所见，还未曾有一种详细的史料昭示国人。也许是中国人的善良，与欧美、犹太人对希特勒迫害犹太人相比的揭露，中国人做得太差（对日本军国主义的清算则差得更远），这一点我们连韩国人也不如！

例如，关于以希特勒为书名主题出版的德文书，10年以来在亚马孙网络书店可以购得的达130余种之多，其中不太专业而面向大众的约90种左右，而英语世界关于希特勒传记、第三帝国各种问题，特别是二战与犹太人大屠杀浩劫的书，更是数不胜数！那么抗战胜利后，中国东北主权的严重丧失，中国人民在饱受日寇14年奴役之后，又受掠夺、欺凌的种种，迄今为止，谁曾予以清算？连遗留给我们的子孙后代一笔笔清晰的血泪账单都没有！

曾经亲手签订卖国条约、出卖中国东北主权利益的蒋介石是不善著述的，但却于1953年至1958年之间"完成了一部巨著《苏俄在中国》"。关于这本书，他的儿子蒋经国曾于1979年10月30日著文《十月有感》（父亲九三诞辰纪念抒怀）中云："即以父亲手著《苏俄在中国》一书而言，国际间许多有识之士，就都说'这本书每页所表现的就是一个爱国者，一个把国家自由愿望置于个人利害之上的人，来叙述一部惨痛的史实'。"蒋经国是

▲蒋介石的"文胆"陶希圣

参与中苏谈判，最终导致国民党政府出卖外蒙古国土、出卖东北权益的亲历者，而这几项卖国条约的签订，都经当时国民党政府最高领袖蒋介石同意，他怎就成了"一个把国家自由愿望置于个人利害之上的人"？

1986年10月，蒋介石中文秘书楚崧秋在《沧海微言》（随侍先总统蒋公一得）中云："蒋公曾以一年半的时间完成此书，他的精力和时间，几乎到了废寝忘食的地步。一篇原约五六万字的文章，经过不断地增补、修改，到定稿出书，竟成为多达二十四万言的巨著，一字一句，无不是蒋公心血的结晶。"（同上引，第243页）关于蒋介石"手著"《苏俄在中国》，蒋经国、楚崧秋等多次强调是"一字一句""一笔一笔"等，事实上据李敖揭出：陶希圣的亲戚阮继光拿出"装裱成册的一本东西给我看，原来是蒋介石手拟《苏俄在中国》大纲，用毛笔写在便条纸上，只寥寥十多张，不过几百字耳。阮继光说：'总统把这些大纲交给陶先生，陶先生就一章一章地写成《苏俄在中国》，每写完一章，就由我毛笔恭楷誊清，送呈给总统看。那一阵子，可把我给累坏了。'"

陶希圣同陈布雷一样，是蒋介石的"文胆"，亦即如同封建时代的所谓文

学侍从之臣——翰林院学士、庶吉士之类。蒋介石最出名的著作《中国之命运》(原名《中国之前途》),就是陶希圣捉刀代笔 10 余万字。蒋介石的另一部"名著"《西安半月记》,亦为陈布雷捉刀,这已皆为公开的秘密了。

所以,《苏俄在中国》虽未一窥,但其可信度究竟有多大,也就很值得怀疑了。所以也就如蒋经国所曾引用称赞的一句话来概括再准确不过了——"反共十字军之经典"。所谓"有识之士"的赞美,也无非从反共角度出发,而决非信史。我注意到:李敖先生曾在《蒋介石"蒙古症"——从断送到保送》一文中谈及:"1945 年 8 月 14 日,国民党和苏联签订了《中苏友好同盟条约》。条约中大卖其国,同意外蒙古独立,为的只换取苏联对国民党政权的支持。可是签约过后,事实上换得的却是苏联全盘的违约背信,换得的却是苏联军队在东北强奸、轮奸中国女士,换得的却是八十亿美金的劫掠与损失!……"李敖从来以善于搜集外人所未知晓的史料而著名,他之所云必有所据。而《蒋经国全传》中披露的数字是 20 亿美元,但作者亦说明,当年美国鲍莱特调察团是不完全统计,而且统计的是表面可见的因苏军盗运劫掠而产生的直接损失数字,其间接或因停工造成的损失尚未计算在内。也许李敖的统计更加精确也未可知。但无论何种统计,损失超过 20 亿美元是不可否认的事实!须知在当时 20

▲苏联出动消防艇,用高压水龙喷射在乌苏里江上捕鱼的中国渔民

世纪 40 年代，美金价值之高，绝非今日可以想象。由此可见中国损失的巨大！

抢劫、枪杀工人，甚至是中共高级军政领导人

苏军在东北不仅大肆劫掠中国的大量钢铁、水电等重要工业设备，而且军纪之坏简直到了不可容忍的地步。苏军在占领德国后，曾大肆抢劫、强奸妇女、酗酒闹事，稍有反抗即开枪杀人！受到劫难的都是普通老百姓。

苏军在占领德国

▲苏联红军在德国国会前欢呼胜利后，随之而来的却是集体抢劫、强奸的狂潮

期间公然放纵自己的士兵群体强奸被占领区的德国妇女（苏军的强奸是很有名的，二战中苏军只经过南斯拉夫一角，然而也就是短短的几天，就有 3000 多名南斯拉夫妇女被强奸），只不过苏军以胜利者的姿态行恶，诚如斯大林那句名言："胜利者是不受惩罚的。"这一苏军集体罪行至今也未得到过惩罚哪怕是谴责，也从来未曾引起国际社会的关注。似乎也没有人去记载，我目及所见，只有一个中国人朱维毅，在《寻访"二战"德国兵》一书中专辟"战争牺牲品——女人"一章，记录了德国妇女受到的惨无人道的强奸之痛！一个受害人的口述记录（已发表）如下：

"他们（指苏军士兵）冲进民房，抢走首饰和手表。任何反抗都是徒劳的。遇到反抗，他们就开枪。""俄国士兵到处寻找年轻的女人，只要抓住一个，立刻拖到空房子里，接着就轮奸。

"他们用枪逼着我们进入一幢空房，那里已经站着一些年轻的女人，接

着，集体强奸开始了，这些野兽扑向我们……一次又一次，持续了整整一个夜晚，直到天开始发亮时才离去……当时有很多女人被强奸后就被击毙了。我们小城中有很多人上吊自杀……

"有一天，这些恶棍又把我们带到了一幢空房子里，让我们给他们杀鸡拔毛。全部工作结束后，我们不但得不到一块鸡肉，反而遭受了新的一轮强奸！"

一个内科医生尼登提的回忆录见证了苏联占领军的强奸"狂潮"："1945年1月8日，罗塞尔市在经过很微弱的抵抗后被苏军占领，随即开始了占领者在城内的大规模殴打、焚烧、强奸和杀人。第一天就有60个居民被杀，其中多数是拒绝被强奸的妇女……"，"……在15岁到50岁之间的妇女中能逃避被奸淫厄运的只有10%左右。俄国人对他们的施暴对象几乎不加选择，被强奸者包括80岁的老人、10岁的小孩、临产孕妇和产妇。晚上，俄国人从门、窗或屋顶进入平民家庭，一家一家地搜寻女人，有时甚至在白天就扑向她们……"

哥廷根历史研究会曾撰文指出："……从4月24日（红军攻入柏林市区）到5月15日（德国在全境停止抵抗），柏林被强奸的妇女达到了三分之一，柏林的历史学家桑德斯和焦尔根据多方调查得出一组保守的数字：10万柏林妇女被苏军强奸，其中40%的人被多次强奸，近1万人被强奸致死。在战后划归波兰的原东部地区，被强奸者达200万，其中24万致死。这里面还尚未包括西普鲁士地区、苏台德地区、东南欧的德意志族居住区和奥地利地区的受害人数。"具有讽刺意味的是：被苏军战败的一方——德意志国防军（包括与之平行的武装力量——国家社会主义工人党党卫军），至今有浩如烟海的揭露纳粹德国的书籍，却从未有过这样的记录。美国名将巴顿将军曾谴责当时进入德国的苏军是"一群乌合之众"！（美军在诺曼底登陆后也是肆意强奸法国妇女的，可参见美国威斯康星州大学历史学教授罗伯茨新著《美国大兵做了些什么》，当然与苏军相比，美军还是小巫见大巫）这话还是说轻了，岂止乌合之众，而是极其残暴的犯罪集团！

苏军的罪行数不尽数，如："卡廷事件"、虐待德国战俘至西伯利亚做苦役、将东北日本战俘押往苏联服苦役，在苏军占领的中东欧如捷克（共有3万德意人被杀死）、南斯拉夫、波兰，纵容驱逐迫害、杀死德意志人，在德国纵容士兵抢劫，限于篇幅，本书不再赘述。苏联在二战中国内的罪行更令人发指：德军刚进入苏联时，白俄罗斯、乌克兰、立陶宛、爱沙尼亚、拉脱维亚（后3个波罗的海小国40年代初才被苏联吞并）居民纷纷欢迎"解放"。斯大林签发《纵火者训令》，命令敌后武装"穿上缴获来的德军陆军和党卫军的制服"，"占领区内的所有居民点要一律摧毁并焚烧"，"在民众中必须散布是德国人为报复游击队而烧毁了这些村庄"！苏联战后宣布的死亡2500万军民的数字，包括这些无辜的居民吗？阴险、卑鄙、残暴，人类文明史上有此滔天大罪乎？

何以冗长谈起苏军在欧洲的暴行？那是因为中国的东北与欧洲的人民有着何等相同的遭遇。只不过中国名义上还算是苏联的同盟国，苏联不便像对德国那样穷凶极恶而已。我们遗憾没有清晰地告诉我们的子孙后代，历史会不会遗忘？

不过，尽管历史证据在渐渐湮没，但历史毕竟会记住这沉痛的一页。即便在当时苏军占领期间，其暴行也被勇敢的人们抵抗，被正义的报纸所揭露，从而引起中国人民的怒吼。

中国地矿专家张莘夫勇敢地站了出来，阻拦全副武装的苏军拆卸他所在工厂的机器，被苏军士兵当场枪杀！重庆及全国一些城市相继爆发了抗议苏联霸权的大游行，仅重庆就达万人以上。矛头直指苏联《雅尔塔秘密协定》的霸权用心。连当时中共领袖之一的周恩来也在记者招待会上声明这是"学生的爱国运动"。因为重庆的游行参加者基本是大中学生。《新华日报》《大公报》等报发表社评、报道，知识界、新闻界精英们也公开在报纸上联署声明，抗议苏联的霸权行径。

这样的暴行自然引起有良心的中国人的愤慨，也自然不会是极个别的例子。在此之前，蛮横的苏军还居然在抢劫中枪杀兄弟党军队的高级将领，可见苏军的军纪败坏到了何种程度，苏军的劫掠到了何等疯狂的地步！

1945年9月，进驻东北的八路军冀东部队进入沈阳后，没有想到首先需要处理的是沈阳民众"大量投诉的苏军抢劫事件"。中共部队不得不向苏军政治部门提出"严肃纪律"约束部队的要求。但苏军非但不收敛暴行，反而更加变本加厉。中共军队高级将领居然也死在苏军士兵的枪口下。1945年12月，刚被中共中央任命为东北松江军区副司令员的卢东生，遭遇苏军士兵抢劫，竟被穷凶极恶的苏军士兵悍然开枪打死！中共军队高级将领的命运尚且如此，普通中国老百姓的境遇可想而知！

不甘心失去东北利益，挑起武装冲突

中共夺取政权后，苏联仍不甘心失掉既得利益。例如旅顺苏军海军基地，苏方赖着迟迟不交还中国，1959年苏联赫鲁晓夫访问中国，还曾视察旅顺军港，至今想起，这岂非中国人的耻辱？另外，苏方对中国东北领土一直怀有蚕食之心，以珍宝岛事件为借口不断挑衅，最后竟然想发动核打击来解决问题（苏联在蒙古陈兵百万，也一直想依靠武力一揽子解决）。其实，珍宝岛一直是中国固有领土，在1964年中苏边境谈判中，苏联已承认珍宝岛是中国的领土，但到了1969年3月，苏联却出尔反尔，声称珍宝岛属于苏联，并于3月2日公然出动边防部队占领珍宝岛。

在此之前，苏联外交部长葛罗米柯主编的《外交辞典》一书中明确指出：19世纪的中俄《北京条约》等一系列条约是不平等的。即是说中苏边境的划界应以国际惯例为准，珍宝岛应属于中国！葛罗米柯是苏共政治局委员，他从维护苏联利益出发，一直反对对中国采取强硬手段。他的观点是："中苏是近邻，与中国一旦发生军事冲突，结果将是苏联受害，两国间的矛盾还是要立足于谈判。"中国在当时没有坐视，动用部队将珍宝岛收回。冲突有升级趋势。苏联军界以国防部长为代表，强烈要求使用核武器进行"外科手术式打击"！20世纪60年代，美国曾有计划与苏联联手对中国核设施进行核打击，即美苏各出动轰炸机一架先发制人使用战术核武器，炸毁中国罗布泊地区的核设施。事实证明："莫斯科领导人清楚地了解肯尼迪谋求与苏联联手摧毁中国核设施计划的想法。"但在葛罗米柯与苏联首脑勃列日涅夫反复、认真、长时间的争论后，终于1969年3月12日由总理柯西金向中国大使馆提出与中国领导人通电话的要求。当时中国政府坚决予以拒绝，便函答复说："鉴于中苏目前的关系，以电话会谈是不适宜的，如果苏联政府有话要说，请通过外交渠道向中国政府正式提出。"苏方不得已又向中国发出措辞温和的照会："……苏联主管当局允许为了砍伐干草和木材而使用这个岛……"这分明是一个暗示：他们不再争论本来就不存在的所谓苏联拥有该岛"主权"的问题了。

这以后，才有柯西金访问越南后在北京首都机场与周恩来的会面，中苏关系才略有缓和。

当然，中苏边界的缓解，主要或者说最重要的一个原因是由于美苏争霸，也由于美国的牵制和压力，才迫使苏联高层改变策略，正如葛罗米柯所说：一个时期只能有一个敌人，与中国交恶，只能将中国推向美国，对苏联不利。

中苏边界问题在勃列日涅夫执政时期一直没有得到解决。苏联解体后，中国与俄罗斯成为战略合作伙伴，才开始着手对此予以解决。中国的态度是通过耐心与诚意，以解决其实本不复杂却最终成为最复杂的边界问题。

原中苏边界全长7600多公里，是世界上最长的国界之一。从清代开始，沙皇俄国强迫清朝政府与其共签订19个不平等边界条约，强行侵占、割去150多万平方公里的中国领土，并在后来又用偷移界碑等卑劣手段不断蚕食按不平等条约已划归中国境域内的中国领土，总面积达3.5万平方公里。虽然十月革命后，列宁领导的苏维埃政权通过法令形式明确声明将沙皇掠夺的土地归还中国，但北洋政府、国民党政府却没有及时采取措施予以收回。

最终以不平等条约为基础解决边界划分

1949年，中华人民共和国成立，在形势稳定之后，于20世纪60年代开始着手解决中苏边界问题。1964年2月第一次中苏边界谈判在北京举行。中国明确表示：虽然这些不平等条约是沙皇强加给中国的，不能体现中苏两国人民的意愿，但中国仍愿以这些不平等条约为基础，合理解决边界问题。

第一次谈判的结果是：中苏双方交换了地图，明确双方所主张的边界线。双方达成一致共识，通航河流以主航道中心线分界，非通航河流以河道中心线为界，并以此大致划分了界河中岛屿的归属。

苏联挑起珍宝岛冲突后，中苏开始举行第二次边界谈判，自1969年10月始至1978年6月结束。双方并未讨论边界走向问题，只达成了四点谅解：

一、维持边界现状；

二、避免武装冲突；

三、在有争议的地区，双方武装力量脱离接触；四、双方发生争议时，由边防部门联系解决。

1987 年 2 月，中苏开始第三次边界谈判。1991 年 5 月，中苏两国外交

▲1969年9月11日，周恩来总理与苏联部长会议主席柯西金达成协议，双方在珍宝岛等有争议的地区脱离接触

部长签署《中苏边界东段协定》，确定中苏东段98％的边界走向，只剩黑瞎子岛和阿该图洲渚两个地区未取得一致。苏联解体后，由俄罗斯开始与中国谈判边界问题。1994 年 9 月，中俄外长又签署《中俄国界西段协定》，确定中俄西段边界走向，但仍未解决黑瞎子岛等两个地区问题。

2004 年普京总统访华后，双方确定将黑瞎子岛和阿该图洲渚平分。至此，俄罗斯继承的前苏联全长 4300 多公里的中俄边界线走向已全部确定。中俄两国终于解决了遗留的问题。但这次边界谈判是中国在不平等条约基础上作出的耐心与诚意，即便如此，我注意到《环球时报》曾刊载，普京总统在与中国领导人达成黑瞎子岛等约定，提交俄方杜马审议，却遭到俄共议员的反对，他们认为这还是吃亏了，这真是令人匪夷所思！

苏联解体后，原 5 个中亚加盟共和国相继独立。其中哈萨克斯坦、吉尔吉斯斯坦、塔吉克斯坦继承了大部分前苏联同中国西段 3300 公里的边界。中国与它们在平等互谅的基础上，也分别解决了边界划分问题。

行文至此，笔者忽然想到：近来爱沙尼亚、波兰等国纷纷迁移、拆去苏军二战烈士纪念碑、雕像等。爱沙尼亚 1940 年被"并入"苏联，1941 年被德国占领，1944 年被苏军解放。在战斗中苏军共阵亡官兵 5 万余人。迁移纪念碑的行动引起俄罗斯举国上下的愤慨，东欧一些国家也准备仿效。俄罗斯作出强烈反应，普京总统签署命令，宣布在全世界多个国家设立烈士陵园保护中

心，在中国也将设立保护苏军烈士墓的代表处。

中华民族是讲仁义的民族，中国人民从来没有忘记为中国人民解放事业牺牲的苏军烈士。中国境内现仍埋葬着 14000 多名苏军官兵的遗骸。中国有 45 个城市共建立约近 50 座苏军烈士纪念碑（主要集中于哈尔滨、长春、大

▲珍宝岛事件谈判桌上的中苏双方代表：左三为陈毅，右三为葛罗米柯

连、沈阳等地）。即使在中苏关系交恶的岁月，这些墓地和纪念碑也从未被迁毁，却得到了中国有关部门的保护，而且一直得到修缮，成为苏军遗属和俄罗斯游客祭奠和参观的圣地。

2005 年，俄罗斯国家杜马主席格雷兹洛夫来华至重庆访问，见到专为纪念苏联空军援华志愿队队员卡特洛夫上校和司托尔夫所建的纪念碑，至今保存完好，看到中国游客不时鞠躬和献上鲜花，使他深为感动。

记得伏罗希罗夫访问南斯拉夫时（此时苏南已和解）曾流下眼泪："看看我们对南斯拉夫同志做了些什么？"当年苏联援华专家组总顾问在中苏和解后访华时也说过类似的话，但中国人民受到的伤害谁能弥补呢？

中国人民以德报怨，夫复何云？

我非常期望有一部专门记述中国东北主权受到损害、财产被劫掠、人民被欺凌的文献问世，以遗子孙，不是为了解恨，而是为了"不忘记过去"！

当然，"前事不忘，后事之师"，苏联解体已不复存在。中国与俄罗斯已成为全面战略协作伙伴关系。2001 年中俄两国最高领导人签署《中俄睦邻友好合作条约》，明确中俄两国"相互没有领土要求"，中俄将携手面向未来。而这一切都是由于邓小平对中苏关系"结束过去，开辟未来"的重要精神的定位。

1989 年 5 月 6 日，邓小平会见当时苏联领导人戈尔巴乔夫，建议"宣布

中苏关系从此实现正常化"。当然，邓小平郑重地阐述了两个问题，一是历史上中国在列强压迫下遭受损害的情况，也毫不客气地历数沙俄时代及斯大林时期侵害中国权益的历史事实，尖锐指出从鸦片战争起，列强侵略中国得利最大的一个是日本，一个是沙俄，在一定时期一定问题上也包括苏联。沙俄通过不平等条约侵占的中国土地，超过150万平方公里。十月革命后也还有侵害中国的实情，1929年占去了中国的黑瞎子岛，1945年美、英、苏三国在雅尔塔签订的秘密协定也极大地损害了中国的利益。

邓小平简明扼要地历数了沙俄和前苏联对中国利益的"侵害""损害"，这当然包括对中国东北利益的"损害"！邓小平还指出："我讲这么长，叫'结束过去'。目的是让苏联同志理解我们是怎样认识这个'过去'的……"邓小平随后提出了"结束过去，开辟未来"，他特别强调："……关系正常化以后，无论深度和广度都会有很大发展"（徐永君《邓小平纵横国际舞台》，中国文史出版社2011年版，第178—179页）。事实证明了邓小平的预见。

勿忘历史，因为历史永远存在。"结束过去，开辟未来"，愿中俄世世代代睦邻友好，珍惜未来！

遥望沧溟意未平

——罗斯福建议收回琉球始末

  1943 年，同盟国转入反攻，意大利无条件投降，德国之败已指日可待，中、美、英等国意识到对日寇的作战已成为同盟国最后的重心。美国总统罗斯福遂决定召开美、中、英、苏四大国元首会议，加强并协同对日最后一击。

  但当时的苏联领袖斯大林反对将中国列为四大强国，不愿与蒋会晤，对罗斯福召开开罗会议的建议极力拖延，迟迟不予正式答复。实际上等于否决了罗斯福的建议。而蒋介石也一直对斯大林损害中国利益的行径怀有不满。鉴于此，罗斯福决定将四巨头会议分两步召开，第一步在埃及开罗召开中、美、英三国首脑会议，随后于伊朗德黑兰召开美、英、苏三国首脑会议。这一提议既避开了斯大林与蒋介石的矛盾，又维护了四大国共同对日作战的关系，因而得到中国和英国的认同。

  1943 年 11 月 9 日，罗斯福始致电蒋介石，邀请他参加开罗会议。开罗会议于 1943 年 11 月 22 日至 26 日召开，其间罗斯福与蒋介石共会谈四次。11 月 23 日、24 日罗斯福两次建议将琉球交给中国，但皆因蒋介石犹豫而付之东流。

罗斯福为何建议将琉球交给中国

罗斯福自太平洋战争爆发后，放弃中立，始同情、支持中国人民的抗日战争，因为他明白中国的抗战最大程度上支持了美国。中国对日本的牵制使美国可以放手对德、日轴心国作战，而且他还有一个长远的战略思考，即战后依靠中国遏制日本，在亚洲形成安全格局，扶持中国成为美国在亚洲最重要的盟国。因而在 1942 年以后，罗斯福不仅向中国提供军援，而且率先宣布放弃美国在中国的租界及治外法权。

鉴于中国在抗战中作出的巨大牺牲，罗斯福深谋远虑要向中国作出补偿。一是由中国军事管制日本，中国先期派遣军事代表团于日本投降后进驻日本（这个代表团一直驻节日本，直到 1949 年宣布起义），并于云南编练两个陆军占领师，一律由美国提供军械装备，所有士兵身高均在 1.75 米以上，以展现中国作为战胜国的国威。这个决定在今天来看具有极其深远的意义，非大政治家无此高策。但由于蒋介石一直图谋内战消灭中共，即将编练完成的两个陆军师被他抽调投入内战，占领日本的构想竟成一纸空文。

其次是除归还被日本肢解和割去的东北、台湾及澎湖列岛之外，罗斯福经过慎重考虑，正式建议将琉球交给中国管辖。罗斯福认为"琉球在地理位置上离贵国很近，历史上与贵国有很紧密的关系"，"是你们的东部屏障，战略地位极为重要，你们得到了台湾，如得不到琉球，台湾也不安全。更重要的是，此岛不能让侵略成性的日本长期占领。"这亦是罗斯福最重要的战略建言，对中国利益攸关，但亦因蒋介石懈怠犹豫而丧失。

除上述两项极重要的战略决定外，罗斯福还决定越南由中国受降，韩国不能独立，由中、美等共管，但都因蒋介石急于打内战而未能认真落实。如越南受降，当时由卢汉率 20 万大军前往，但后来也被蒋介石陆续抽回投入内战。过去有一种说法认为蒋介石只是一个战略家，而非战术家，但从他对占领日本、收回琉球等重大问题的决策来看，他连战略家也不是，昧于国际大势，而不能深谋远虑、高瞻远瞩。以琉球问题来看，从任何角度，中国对琉球行使管辖权都恰逢其时，失其时则悔之莫及。中国付出的巨大牺牲，一个琉球岂能弥补？何况琉球自古以来就是中国的藩属，与中国有着最为紧密的关系。

琉球自明代即正式成为中国藩属

琉球群岛位于中国台湾岛与日本之间，距台湾最近为 630 公里（台北），距日本（东京）为 1550 公里。共有 60 多个岛屿（其中 49 个有人居住），包括先岛诸岛、冲绳诸岛、奄美诸岛、土噶喇列岛、大隅诸岛等，总面积约 4600 平方公里。

在中国古籍中，很早就有关于琉球的记载。如官修史书《隋书》称之为"琉求"，《元史》中称之为"求"。明、清官方档案及野史记述更多。《古春风楼琐记》载，琉球国位于福建以东海上。传说琉球国所在之岛在大海之中，一对夫妇居住在岛上，夫妇二人搬石运土，植树种草，进而繁衍后裔。尔后人丁兴旺，遂选出"天帝子"为王，天帝子生有三男，长子天孙氏被立为国君，传至二十五世，为叛臣利勇所害。尊敦起义诛灭叛臣，被拥立为君主，称舜天王。此为约中国宋朝时期，至元末琉球一分为三，称中山国、山南国与山北国，并一直与日本平等交往。琉球古籍《中山世鉴》也载：天神阿摩美久下凡，由天帝赐土石草木，做成岛屿，故有琉球。

明洪武五年（1372 年），明朝中央政府派遣杨戴为专使出使琉球三国，分别正式册封三国国王，三国国王均明确向明朝称臣，从此正式成为明朝的藩属。数年之后，中山国并灭山南、山北两国，完成统一。这亦得到了明朝政府的认可，继而册封中山国王封号为琉球国王。

▲《万国来朝图》轴之一：琉球国人和旗帜

　　此后在明朝近 300 年间，琉球国作为藩属，一直与宗主国保持着极为亲密的关系和往来。如明嘉靖十三年（1534 年），第十二任册封琉球使陈侃著有《使琉球录》，其中生动地描述了琉球人对中国使节的友好情感。陈侃记载，使节船队刚进入琉球域内，琉球人便"鼓舞于舟，喜达于家"。琉球国一直遵照明朝典制，隔年进贡。逢新君即位，亦谨守臣子礼，不远万里，遣使请封。据史书记载，明朝册封使曾有十三任。琉球国进贡、请封使团更多。琉球人本不善舞，但为了表示对中国使节的欢悦之情和尊重，故创制舞蹈，据说流传至今的琉球古典舞即为当年接待中国使节舞蹈之渊源。明朝政府对琉球也一直非常宽厚，如永乐年间，琉球国遣使贡物，归去时违制夹带瓷器，被有司查出逮问，奏折上至成祖，成祖御批"远方之人，知求利而已，安知禁令，朝廷于远人当怀之，此不足罪"。明代诸帝以酷苛著称，尤其成祖，但对琉球子民却如此仁厚，实在令人感动。明神宗皇帝曾赐琉球国王御匾曰"守礼之邦"，也寓教化之意。可见明代诸帝对琉球人的爱护。

　　清朝入主中原，明朝灭亡，琉球国继续与清朝维系藩属关系。清朝入北京，改元顺治，琉球国王尚贤主动遣使节金应元入觐，请求册封。但由于使节的疏忽，忘携明朝的册封印信，清朝政府未予承认，请封不允。不久国王尚贤逝世，按典制，未得宗主国册封，其继位者不具有合法性。其弟尚质继续上表请封，始被清朝中央政府正式册封为琉球国中山王。康熙元年，又改封琉球国王，今仍保存有《册封琉球图》，包括册封仪注及《皇清职贡图》。据载康熙时，使节至琉球册封。在鼓乐声中，国王尚敬与琉球众臣在引礼官引导下，三跪九叩，依次行"接诏""拜诏""谢封""谢赐""问安""谢恩"诸礼仪，方完成册封仪式，正式确立王位。乾隆帝曾谕如意馆画师制《万国来朝图》五图，有四幅今天仍可见上贡诸藩国有琉球使者人像，并立"琉球"旗帜。从《万国来朝图》和其他流传至今的画卷中，琉球人衣饰与中华无二，琉球王也以知中华之礼、写汉字书法为荣。清代诸帝对琉球王也慰怀有加，至今琉球仍保留有清代皇帝的多块赐匾，如康熙御书"中山世土"、雍正御书"辑瑞球阳"、乾隆御书"永祚瀛壖"，殷切期望琉球国与宗主国永世友好。

　　自顺治年延续百余年，琉球国一直奉清朝为正朔，从不间断遣使进贡，历任琉球国王即位亦必遣使请封，从未间断。为了向宗主国表示忠贞不一，几乎历代琉球国王子都要到清朝首都北京国子监读书，这实际含有人质之意。不仅历代史籍记录了中央政府和琉球藩属之间的亲密情感和往来，而且据说至今故宫尚保存琉球国进贡的倭刀等贡品。同样，琉球至今也保存了宫殿里只供琉球国王与中国册封使专用的"瑞泉"，可见琉球人对中国何等尊重。这同样证明当年化外之地的藩属子民对宗主国的一片拳拳之心。

明朝册封琉球 200 年后，日本始生觊觎之心

日本早年也是中国的属国，至今被日本奉为国宝的"汉倭王印"即为一证。在明朝册封琉球 200 余年后，本来与琉球国同列的日本（日本正式受中国册封是明永乐二年，公元 1404 年），始生觊觎之心。

明万历三十八年（1610 年），日本极主扩张的丰臣秀吉侵犯中国的藩属朝鲜，派萨摩藩诸侯岛津氏向琉球国敲诈钱物，遭琉球国王严拒，岛津氏恼羞成怒，遂发兵攻打琉球，并俘获琉球国国王尚宁。威逼国王写下誓约，每年向萨摩藩输粮八千石。

清同治六年（1867 年），日本维新政府擅传所谓"太政官令"至琉球，自作主张将琉球国置于鹿儿岛县管辖，后又将其改为政府直辖地。这一荒谬"官令"遭到琉球国拒绝。

清同治九年（1870 年），在日本一直处心积虑图谋控制琉球之际，11 月 27 日发生了"牡丹社事件"。66 名前往中国朝贡和贸易的琉球人，于归国途中突遇大风，航船改向漂流至台湾。台湾土著牡丹社民误认为是犯境之敌，予以击

▲清帝御赐琉球王满汉文的印玺

171

杀，共误杀 54 人。余 12 人被清朝政府救护并护送回琉球。这一事件其实应属清朝内政，双方一为中国子民，一方为中国藩属臣民，与外国均无干涉。

但日本闻听此事后，却蓄意图谋制造混乱，欲达到侵占琉球和台湾的目的。一方面，日本加紧对琉球的干涉。清同治十年（1871 年）10 月，日本借口明治天皇亲政，指使鹿儿岛县，恐吓威逼琉球王子伊江"进宫朝拜"。当时琉球国与日本平列，故贺表称"琉球国王尚泰"，但日本外务省竟擅去琉球国号，篡改为"琉球尚泰"。明治天皇又下诏将琉球王室"升为琉球藩王，叙列华族"（日本明治时间废"贱民"，重新规定等级为天皇、皇族、华族、士族、平民五等），实际上是不承认中国藩属琉球王国的地位。次年又诏令琉球受内务省管辖，租税上缴大藏省。日本种种卑劣伎俩尽管费尽心机，但琉球国并未同意，而且也未得到中国的准许。

▲琉球国王宫内的瑞泉，当年此水只供国王和中国册封使饮用

所以，日本又开始从另一方面向中国挑衅，妄图从法理上获得侵占琉球的依据。清同治十一年（1872 年），日本遣使节副岛种臣、柳原前光来华，换取 3 年前与清朝政府签订的《天津修好条约》及《通商章程》。副使柳原前光前往总理各国事务衙门，拜见清朝总理衙门办事大臣毛昶熙和董恂。柳原故意谈起早就处理完的"牡丹社事件"。迂腐的毛、董二人，竟在谈话中不屑一顾地流露出"杀人者皆属'生番'，系化外之民"之意，这在今天的外交辞令等于说台湾人不属中国政府管辖。柳原遂抓住话柄，强调"化外之民"不归中国治

理，台湾亦非中国治下，表示欲"代表"琉球"出兵台湾"。这其实都是不值一驳的谬论，但却未引起清廷重视而疏于防范。

日本立即派桦山资纪、水野遵至台湾秘密考察，搜集有关情报。后令陆军中将西乡从道、大藏卿大隈重信为侵台军政长官，发兵攻台。此时日本军力薄弱，犹不足与中国抗衡，遂欲联合美国共同出兵台湾。但由于英国忌美国插手损失己之远东利益，向美日提出严重抗议。美国退出表示中立，但仍派遣顾问。清同治十二年（1873 年）春，日本出兵 3000 人悍然于台湾琅峤登陆。

依当时中日军力对比，日本实属蕞尔小国。日本当时陆军常备军仅 3 万余人，海军不足 5000 人，军舰 15 艘，更是大多破损不能出海作战。如以武力进剿，区区三千倭寇真是不堪一击。但可惜清廷居然采取"以夷制夷"之策，寄希望于列强调停而疏于防御。致使日寇在琅峤登陆成功，15 天后进攻牡丹社，残杀我台胞 30 余人。

当时主管外交的清朝重臣李鸿章昧于大势，原不相信日本胆敢进攻台湾，由于情报系统落后，此时才相继得到英、德、美等国的报告，证实日本已侵犯台湾。斯时西北边陲有浩罕国（今属乌兹别克斯坦）阿古柏纠众侵我新疆，沙皇俄国又乘危出兵侵占伊犁，南方又有藩属越南与法国关系紧张，使得清廷力不从心，不能专力处理日寇犯台事件。当然，李鸿章不是外交奇才，自然于此捉襟见肘。于是他又祭起"调停"的法宝，经清廷同意，始决定以和平方式平息日寇侵台事件。李鸿章毕竟久居要冲，他明白日本军力不足以威胁中国根本，遂改变历次与西方列强屈辱妥协外交的方式，下令以武力为后盾，希望能威慑日本。

李鸿章不战求和，引发琉球被日本攫亡

1874 年 5 月，清廷正式下谕，命船政大臣沈葆桢率兵"巡阅"台湾，以"钦差办理台湾等处海防兼理各国事务大臣"的官衔，授权节制福建镇道以下，江苏、广东海防各口轮船准其调遣。沈即率"安澜""伏波""飞云"三舰抵台，后又调"扬武"等军舰分驻澎湖、厦门、福州等处，掩护淮军武毅铭字营 6000 人赴台。其后，朝廷又下谕遣福建布政使潘蔚赴台协同沈葆桢处理台湾事务。

▲李鸿章委托美国前总统格兰特向日本"调停"琉球问题

沈、潘二人抵台后，迅即调配军事部署。当时在台湾的清军已达 1 万人，与日寇兵力相比达三比一之强，且在军事装备上亦不逊于对手。况日寇孤军进犯，于后勤保障、后续支援等皆严重不足。而中国尽占天时、地利、人和，这场战争理应稳操胜券。

但作为最高指挥者的李鸿章不敢兜剿全歼日寇，而一味力主不发一枪一弹而屈人之兵，希图靠谈判和"调停"来达到日寇退兵之目的。李鸿章的这一愚蠢举措，使清军丧失了战略主动，而丢掉了最佳战机，使得本来就想速战速决的日寇得寸进尺，攻破台湾共 18 个番社。李鸿章也不明就理，还想与早已到达上海的日本驻华公使柳原前光谈判，但柳原一则为等日军在台湾进展消息，以增加谈判筹码；二则为拖延时间，竟然以"台湾事务全权大臣"是在台的西乡从道为由，拒绝与清廷谈判，气焰极为嚣张。

李鸿章绝对不是一个精明的外交家，就在他望眼欲穿想与日方开启谈判之门时，台湾战事早已发生逆转。首先，日寇犯台兵力不足，只有区区 3000 人，由于战线推进，不但屡遭高山族同胞突袭，亦因士兵严重水土不服，伤亡总数已达侵台日军三分之一。但指挥官西乡从道为在谈判桌上争取筹码，一再宣称要继续增兵。李鸿章得知此一情况后，似有悔悟，开始强硬，亦宣布增兵两万赴台。在李鸿章的压力下，加上战局无法扭转，日本被迫开始与清朝政府谈判。

9 月 10 日，日本派遣内务卿大久保利通为谈判代表来华。在英国驻华公使威妥玛和美国驻华公使忻敏的"调停"下，双方达成谈判结果。

本来日本并未占据战局主动权，却获得了不薄的收获：清朝政府赔付抚恤银 10 万两，在台建筑费 40 万两，首付 10 万两，余额在日军 12 月 20 日退

174

兵后给付。

李鸿章其实是很愚蠢的，他不明白列强都是狼狈为奸，纯属一丘之貉。美国当时刚刚结束南北战争，正伺机扩张。本来美国就已与日本相约共同出兵台湾，只是由于英国的干涉才停止发兵，但仍派遣美国驻厦门并台湾领事李仙得等为顾问，租借美国邮船"纽约号"随日军侵台。英国干涉美国出兵也并非主持正义，纯是担心美国染指会破坏力量均衡，威胁英国在远东的既得利益。由此二位不怀好意的列强来"调停"，中国岂能维

▲琉球古钱币——世高通宝

护自己的切身利益？事实证明，日本是在英国的支持下才敢向中国敲诈的。

而且，关键还不在于未曾战败的中国向日本赔付几十万两白银，最为严重的是为琉球灭亡预埋了祸根。

10 月 31 日，清朝政府和日本签订《北京专条》三条，英国支持日本敲诈完事大吉。但李鸿章疏忽大意，在《北京专条》中承认日本为被杀琉球人出兵为合理，这无异于间接承认琉球属于日本藩属。因为日本一直绞尽脑汁，狡辩 1609 年琉球即已向萨摩藩输粮为"上贡"，因而亦即为日本之"藩属"。实际上琉球与中国均未予以承认。"牡丹社事件"是宗主国中国与藩属琉球之内政，本来无须日本干涉甚至出兵，但承认日本出兵合理，岂非承认琉球不是中国的藩属？李鸿章的荒谬和大意为琉球被日本灭亡预埋了伏笔！500 年一直依附中国和被中国明、清两代中央政府扶持的亲密藩属琉球，就这样走向了被日本魔

▲雍正皇帝御书——"辑瑞球阳"

175

▲乾隆皇帝御书——"永祚瀛壖"

爪攫夺的不归之路！

李鸿章可能没有想到，《北京专条》的签订使得西方列强更视中国如鱼肉，更加蔑视风雨飘摇中的老大帝国。本来洋务运动的兴起使列强还有所忌惮，中国的自强图存使列强瓜分中国的脚步略有踟蹰，但李鸿章的签字画押，却使得列强心中暗喜。中国的柔弱外交将更加举步维艰，当然，《北京专条》的签订使琉球成了最大的牺牲品。

琉球求救，清朝犹豫不决终丧藩邦

清光绪元年（1875年），即中日《北京专条》签订后的第二年，日本未经中国同意，擅自派兵侵入琉球，并强令琉球国更改年号，"尊奉"日本明治年号，亦不准再向清政府进贡。琉球国疾派尚德宏亲至宗主国告急求助，尚德宏先到福州，向闽浙总督何璟、福建巡抚丁日昌禀报，并通过二督、抚向清廷加急专折上奏。

但迂腐的清廷没有意识到事件的严重性，未专门廷议或指派大臣处理，只给驻日公使何如璋下谕，命其调查交涉。按理应义正辞严地予以外交照会，或参照"牡丹社事件"处理，以武力作后盾，使日本有所顾忌，因为此时日本军力并未增强，与去年侵台时相仿。当时何如璋的交涉立场十分软弱，使

176

▲重修后的琉球国王宫大殿

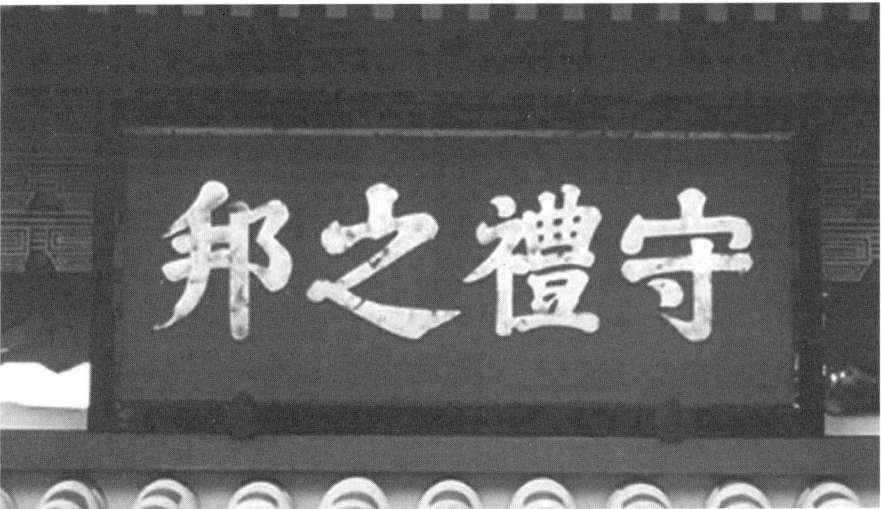

▲明神宗御书——"守礼之邦"

▲琉球王王冠

▲琉球王上朝时所穿的龙袍

日本觉得清政府懦弱可欺。同年9月，日本军舰侵入中国另一个亲密藩属朝鲜，威逼与其签订不平等条约，意在向中国挑衅。此时清政府依然未采取强硬措施。清光绪四年（1878年）4月，日本悍然下令欲废琉球改郡县。

琉球国不甘心灭亡，从国王至臣民无不愤慨。但琉球国一直依靠中国，已近200年不设军队，国力软弱，根本无法与日本抗衡。日本同时下令身染重病的琉球国王尚泰至东京听候"处置"。为缓兵之计，尚泰派王世子先往东京，游说日本同意暂缓国王赴日之期，以给清政府时间加以援手。但直到4个月后，清政府仍然没有拿出一个切实可行的解决方案，一直由驻日公使何如璋不断以情理为旨与日本交涉。日本看透了清政府的无能，于8月30日正式宣告改琉球为郡县，并狂妄声明琉球与中国的关系改由外务省处理。

琉球不甘亡国，由尚在中国的求援特使尚德宏急向负责外交的重臣李鸿章上书，痛泣日本欲"灭数百年藩臣之祀"，琉球举国"主忧臣辱"，但上下发誓"生不愿为日国属人，死不愿为日国厉鬼"，哭请宗主国"威惠于天下"，"速赐拯援之策，立兴问罪之师"。连尚德宏亦懂得如救水火，只能"立兴问罪之师"，但李鸿章和清廷却一直犹豫不决。其实日本从4月决定废琉球之日，只是口头"处置"，对琉球国的反抗也未派兵镇压，同时一直虚与委蛇与何如璋反复交涉，这其实是在观望清政府的态度。如果清政府持强硬立场，以武力为后盾与日本严正交涉，事情的发展绝不会走到使琉球亡国的惨痛地步。

当然，听任日本强行废除中国的藩属，毕竟有损"天朝威仪"，故清政府还是采取了一些措施。

清光绪五年（1879年）3月，美国前总统格兰特将军访华，李鸿章又祭起了"调停"的法宝。他与格兰特会谈，特别详细介绍了日本欲废琉球国的现状，期望格兰特以其身份予以"调停"。尽管格氏不太明白"册封""藩属"等特殊含义，但他还是认为其理在中国，尽力与日本"调停"。但日本方面却搬出了《北京专条》中对清廷不利的隐含祸根的条款，致使格氏哑口无言，"调停"终告失败。

至此，日本终于摸清了中国的底牌——中国是那样懦弱，是那样不愿多事，如福建巡抚丁日昌于《海防应办事宜十六条》第七款中云："日本废琉球，我此时海防未备周齐，只能予以谴责，俟我防务沛然，再兴问罪之师。"在当时代表了一部分朝廷大员的意见。日本终于伸出了魔爪，在与格兰特会谈一个月后，迫不及待派出500余士兵和警察彻底镇压了琉球国的反抗，同时将琉球王室强迁至东京，将琉球彻底"废藩"改为郡县，由日本政府"直辖"。

清政府的软弱无能致使受封500年的藩属彻底亡国。面对琉球人的哭泣，那拉氏度过了她50岁大寿。琉球人与中国的特殊关系其实不止源于明代，据笔者考证，琉球人很可能在汉、唐代就与中国有了友好交往，琉球人的服饰皆有

▲康熙皇帝御书——"中山世土"

179

汉时遗风。琉球是闻名世界的空手道的故乡，至今世界各地来琉球（今冲绳）修习空手道的人依然络绎不绝。而空手道最初的名称就称为"唐手"，是琉球人根据中国武术特色而创立的搏击术。从明太祖朱元璋赐蔡、梁等三十六姓迁到琉球，直到清代康熙皇帝应琉球国王之请，选择温州18户工匠之家迁往琉球，子子孙孙繁衍至今，不少人担任了琉球国的官吏。琉球人称中国为"父国"，因为很多琉球人的脉管里流淌的是炎黄子孙的血液！由此可见琉球与中国的亲密关系是何等源远流长。正因如此，日本废琉球后，竭力淡化琉球人的民族意识，煞费苦心"去中国化"，企图使琉球人忘却本国和与宗主国交往的历史。除了武力镇压之外，为处处避免"中山"，彻底泯灭"中山"，将地名还改为 Okinawa（冲绳）！

琉球，琉球，灭亡已矣！

琉球之亡，责任仍在于那拉氏与李鸿章，所谓"量中华之物力，结与国之欢心"，固然为晚清对列强外交之旨，但日本当时并非列强，它只是一个蕞尔小邦，与琉球并列，军力、国力无法与清朝相比。而且，日本斯时也近乎殖民地之国，因为25年前的1854年2月，美国东印度舰队司令马修佩里准将率7艘战舰组成的舰队抵达日本（1853年7月8日马修佩里即已率4艘战舰抵达商谈"开国"），用200门大炮威逼德川幕府与之签订《日美神奈条约》及《下田条约》，西方列强如俄、英、荷、法等，始而蜂拥而入，日本被迫签订了一系列如开港、领事裁判等丧权辱国条约。中国如果不给其扩张的机会，使其胎死腹中，日本岂能步步猖狂，视中国如草芥，而且野心膨胀，而给其后之中国带来了更为巨大的灾难？那拉氏、李鸿章罪莫大焉！

清政府拒绝批准《球案条约》，日本攫夺琉球不合法理

日本对琉球的吞并，必须要合法理。因而，在拒绝了美国前总统格兰特的斡旋之后，感到心虚的日本于公元1880年遣使来华谈判琉球问题。日本的如意算盘是，首先造成中国对事实上的承认，以琉球南部两个荒无人烟的岛屿让与中国管辖，并以此为条件修改1871年签订的《中日通商章程》，取消章程中禁止内地通商的限制，给予日本片面最惠国待遇之特权。以上即所谓"分岛

改约"。

在日本所要修改的条约即《中日修好条约》及《通商章程》,其最主要的两点:一是"两国所属邦土,亦各以礼相待,不可稍有侵越。"这等于明确了琉球的地位,所以日本必须要予以修删。二是要修改原来的排除最惠国待遇条款。对日本的乘机要挟和不讲信义,李鸿章是很清楚的,但由于他长期坚持"联日抗俄"外交方针,遂于中日谈判之初,也赞成"分岛"以存琉球宗祀,来年再议改约,因而与日本草拟了《球案条约》。但他后来因中俄关系缓解,又开始主张暂缓批准《球案条约》,在中俄伊犁问题签订《改订条约》后,立即要求朝廷"力持定见"。此时的李鸿章尚为清醒,而他智商最低之时便是签订屈辱的《北京专条》——岂可承认琉球人为"日本国属民"、日寇侵台为"保民义举"?外交家最忌首鼠两端,由此亦可看出李鸿章没有远见卓识,更不会纵横捭阖。

清朝政府最终采纳了李鸿章的建议,拒绝批准《球案条约》,琉球问题最终未得到中国政府的承认。从法理上来说,日本对琉球的吞并连一个条约也未得到,不仅未得到中国的承认,也未得到国际的承认,完全不合法理。

从史料中看,并非所有清朝大臣都对琉球问题漠不关心。在1876年5月,日本强行接管琉球司法权和警察权之后,也即琉球国王尚泰派其大臣尚德宏奔赴中国求救之际,驻日公使何如璋即主张对日强硬,他于1878年5月致函李鸿章:日本阻止琉球向中国进贡,其野心昭彰必灭琉球,如果不予制止,不仅祸及朝鲜,而"台澎之间将求一夕之安不可得"。何如璋的判断极准确,以后的事实也逐一证明。但李鸿章致力于"联日抗俄"的外交方针,对琉球之祸屡屡消极,竟然认为"琉球以黑子弹丸之地,孤悬海外,远于中国而迩于日本","若再以威力相角,争小国区区之贡,务虚名而勤远略,非唯不值,亦且无谓"。他的识见真是低于何如璋。李鸿章的"远迩"之说大概指中国大陆而言,如以台湾而论,距琉球最近,其战略意义不言而喻。尤其附属岛屿,与台湾简直是鸡犬相闻。

李鸿章因其消极思想,故只同意何如璋口头向日本交涉,导致琉球最终被日本吞并。就如同1874年日军侵台,李鸿章调兵迎战,却电示统帅沈葆桢"只自扎营操练,勿遽开仗启衅",致使良机屡屡坐失。

直到日本悍然将琉球改为冲绳县,李鸿章才于震惊和气愤中改变了对日本的态度,他在复何如璋信中,对日本极为憎恶,愤然云:"遽废琉球为县,其无情无理，不守条约，不顾公法，实为地球各国所未有者，殊堪痛恨"，"倭人贪利弃信，诈伪无耻，有西人所不屑者"。李鸿章所痛斥的"不守条约"，即指《中日修好条规》。

因此，李鸿章认识到日本的野心与对中国的后患。他在致江西按察使沈保靖函中云："日本地狭民贫，迩来宗尚西法，国债累累，妄自谓富强之术胜于中国，恒思逞其狡谋以偿所费。故数年之间，一入台湾，再议朝鲜，三废琉球。……此时中国若操之过蹙，固启兵端，若竟置之不理，彼谓中国畏之已甚，必且得步进步，纵兵四出，无所顾忌。"李鸿章的分析没有错，但是他也确实铸成了大错，日本侵犯台湾，其国内现代化刚刚起步，国内亦混乱不堪，若中国奋力一战，羽翼未丰之日本必不会如后来迅速发展，琉球、朝鲜的命运必然"走进另一个房间"。

尽管李鸿章意识到日本吞并琉球的祸害，也认识到日本下一个吞并目标必是中国另一个亲密藩属朝鲜，更有可能对中国形成大患，但无论他怎样开始防范，为时晚矣！

不过，尚未铸成大错的是李鸿章虽与日本草拟《球案条约》，但在他的建议下，清朝政府亦未予以批准，使日本未能最终合法将琉球攫为己有，这为第二次世界大战后罗斯福总统建议中国收回琉球奠定了法理依据。

罗斯福两次建议中国收回琉球

本书第一节已略述，中国在 1943 年完全可以合理合法使琉球归属中国，起码使琉球恢复独立。

1943 年 11 月 23 日晚，参加开罗会议的蒋介石携最高国防委员会秘书长王宠惠与罗斯福单独会谈，其间谈及战后要剥夺日本法西斯侵占的太平洋岛屿。罗斯福特别提到琉球群岛，他很郑重地对蒋说："琉球系许多岛屿组成的弧形群岛，日本当年是用不正当手段抢夺该群岛的，也应予以剥夺。我考虑琉球在地理位置上离贵国很近，历史上与贵国有紧密的关系，贵国如想得到琉球群岛，可以交给贵国管理。"从罗斯福的建议来看，他对中国与琉球的历史关系很了解，对日本吞并琉球的事实也很清楚，他以大国领袖地位作出的建议亦非泛泛而谈，而是经过深思熟虑后的正式建议。

但蒋介石由于没有心理准备，对罗斯福的建议竟不知如何答复。在赴开罗之前，蒋介石主观上认为此机遇是废除列强不平等条约、恢复中国国家利益的大好时机，故令有关部门拟订了会谈方案，方案中列项有战后将东三省、台湾省、澎湖列岛交还中国，无偿接收南满铁路、中东铁路等。据说蒋对此方案是极为满意的，但他没有想到琉球问题，有关人士也疏于考虑而未有建言。

对罗斯福将琉球群岛交还中国的郑重建议，蒋介石思索半天，才勉强答复："我觉得此群岛应由中美两国占领，然后国际托管给中美共同管理为好。"

这简直是答非所云，故意含糊其词，使罗斯福的直觉是蒋介石不想收回琉球，也不清楚蒋介石的真实想法，故罗斯福未再谈及琉球问题。如果第一次谈及琉球，蒋介石没有心理准备犹可原谅，但当罗斯福第二次建议时，蒋的态度就令人匪夷所思了。

开罗会议第三天后的25日，罗斯福与蒋介石再次举行会谈，罗斯福又谈到琉球群岛并再次建议："我反复考虑，琉球群岛在台湾的东北面，面向太平洋，是你们的东部屏障，战略地位极为重要。你们得到了台湾，如不得到琉球，台湾也不安全，更重要的是，此岛不能让

▲蒋介石、罗斯福、丘吉尔、宋美龄在开罗会议上合影

▲向琉球岛发动攻击的美军太平洋舰队

▲全世界的华人从未停止过保钓运动

侵略成性的日本长期占领。是不是与台湾及澎湖列岛一并交与你们管辖？"笔者分析：以蒋当时的态度来看，他在罗斯福第一次建议后，就没有认真考虑，实际上罗斯福给了一天时间。据记载蒋当时听到罗斯福再次建议将琉球交与中国管辖时，还是犹豫不决，半天不说话。罗斯福以为蒋未听清他的建议，故再次明确重申："贵国要不要琉球？如果想要，战争结束了，就将琉球群岛交给贵国。"蒋犹豫再三才答复："琉球的问题比较复杂，我还是那个意见，中美共同管理为好。"

蒋驴唇不对马嘴的答复使得罗斯福彻底明白：不管出于什么心理，蒋是真的不想要琉球。其实，蒋以大国领袖（这是他二战期间唯一出席的一次盟国首脑会议）之地位，绝对不应该如此草率答复。罗斯福谈的是战略问题，关系中国东大门屏障永固，岂可如此马虎应答、一推了之？最起码应以中国托管或琉球恢复独立为上策。

蒋介石的态度与苏联完全不同，苏联并未受到日本的摧残，却割去了北方四岛作为赔偿。即便琉球在历史上与中国没有宗藩关系，以中国做作出如此惨烈的巨大牺牲，作为战争赔偿也是合情合理的。记得宋子文在抗战胜利前夕，宣布必须归还东北、台湾、澎湖列岛、琉球等。不知蒋介石及其随从们为何如此粗心大意不考虑琉球问题。不过，据后来侍从蒋至开罗的人士分析：蒋去开罗，主要想收回东北、台湾及澎湖列岛，根本未曾考虑收回琉球的方案。而且蒋一直认为能争回上述领土已经非常有面子了。另外，蒋心底一直有恐日情结，他怕琉球归还中国，中日又结新怨。这从蒋在抗战胜利后对日本采取的"以德报怨"政策来看可谓一脉相承。

总之，由于蒋的犹豫和婉拒，罗斯福从此再未提琉球之事。此后发表的

《开罗宣言》在谈及日本应归还中国之领土，只列"日本所窃取中国之领土，例如满洲（即东北）、台湾、澎湖列岛等"，未再明确提及琉球群岛。当然一个"等"字也令人有余味无穷之感。

美国违反开罗约定擅自将琉球交与日本

蒋介石未采纳罗斯福的建议，实属下策。这一点他在开罗会议结束后就大梦初醒了，后悔未接收琉球。他怕此事泄露有损"领袖"形象，故叮嘱王宠惠，不要"往外说"，万一有人问及，就以"无条约根据"解释。而且蒋对王叮嘱了不止一次，可见蒋对自己如此草率处理重大事件亦有所忌讳。

蒋介石是个不肯认错的人。可王宠惠回到国内，还是忍不住向极少数国民党高层人士予以透露。但传开之后很多人欲详加了解，王宠惠深知蒋的性格，决不讲出实情。此后，国民党政府在所有文档，甚至图书、报刊中凡遇及琉球问题，均统一口径：因无根据，中国在开罗会议上才未提及琉球归属问题。因而，除极少数人外，都不知是因为蒋介石连拒罗斯福两次建议而未收回琉球。

1962年3月19日，台湾《联合报》记者司马桑敦知悉美国政府私自欲承认日本对琉球拥有主权，立即撰文抨击国民党政府不负责任，在开罗会议上不提琉球问题，致使本该归还中国的琉球终落日本之手，使中国东部海防"被撕开一道大裂口"。当时作者只是激于义愤，他还不知蒋在开罗会议竟然执意不要琉球，丧失了大好良机。此文引起舆论及台湾最高当局的关注，蒋为了遮掩颜面，在出席一次国民党高层会议时自我辩解云："实际上，琉球与台湾，在我国历史上地位不同。我们当时（指开罗会议——笔者注）认为琉球是我东海的屏障，军事重要性较大。我们同意，应由中美两国经过联合国之委托程序，实行共管，又以为此非当时紧急之事，故曾表示将来再说。"这番谈话有轻描淡写、推脱责任之嫌。第一，他未向"中国人民"包括"台湾人民"承认是他两次拒绝罗斯福让中国收回琉球的建议。其次，东海屏障及军事重要性之类是罗斯福的分析与谋略，而不是"我们"！其三，"将来"已近10年，要延至何日"再说"？又有何机会"再说"？但蒋于此公开明确了中美共管的共识，罗斯福当时并没有反对，只是后来的美国政府违背共识，未与已退居台湾的国民

▲1960年，美国总统艾森豪威尔与日本秘密会谈冲绳问题后访问台湾，蒋介石亲往松山机场迎接

党当局协商（当时美国与台湾保持着"外交关系"），擅自承认日本对琉球拥有主权。

1945年3月26日，美军乘胜向日本本土推进，发起琉球战役，经过惨烈攻夺后，于3个月后全部占领琉球群岛。1951年9月，美国政府违反同盟国在对日作战期间和战后所签订的《开罗宣言》和《波茨坦公告》等国际协议，纠集48个国家，与日本当局签订所谓"旧金山和约"，将琉球群岛、小笠原群岛、钓鱼岛交美国"托管"，中华人民共和国政府曾授权周恩来总理发表声明，不承认非法的所谓"旧金山和约"。1952年4月28日"旧金山和约"正式"生效"。这是美国政府自己先违背了罗斯福总统与蒋介石达成的中美共管的共识。

随着新中国的成立和朝鲜战争的爆发，冷战时期的美国开始改变对中日两国的态度，扶植日本为美国的亚洲战略服务。美国在琉球群岛问题上的立场也发生了重大改变。不可否认，罗斯福时代对琉球的立场是正确的，其后的美国政府行"托管"之名，内含主权未定论之意，不排除其打牌之需要。

1957年6月，美国总统艾森豪威尔宣布美国对冲绳拥有行使行政、立法、司法等一切权利，并由美国政府颁布管理冲绳（琉球）的行政命令使其合法化，日本地方管理机构必须服从美国高级专员命令。1959年5月，美占领当局又制定公布《新刑法》，限制日本人的一切言论和行动自由。美国占领当局还控制着冲绳金融、贸易、电力、自来水等重要部门，等同于军事管制。这说明，美国当时并不承认（起码在心理上不承认）冲绳的主权属于日本。

但到了20世纪60年代，由于冷战的需要，美国开始秘密与日本会谈冲绳问题。1960年，美国总统艾森豪威尔专程到冲绳访问。1962年美国总统肯尼迪开始筹划将冲绳"归还"日本。1965年11月尼克松与日本首相佐藤荣作秘密会谈并发表"联合公报",将冲绳(琉球)"行政权""归还"日本,但全部保留美国所有驻琉球的陆、海、空军事基地和设施。在美日"联合公报"中声称:"在把冲绳的行政权归还日本的安排内,美国和日本的共同安全利益是可以得到照顾的。"美国根据自己的战略利益,要求"归还"冲绳后,美国在冲绳的所有130多个军事基地和设施,皆由美军继续使用。经过精心策划,提出了所谓"归还"冲绳协定,于1971年6月炮制出笼。1972年1月7日佐藤荣作与尼克松在会谈声明中,正式规定1972年5月15日把冲绳"归还"日本。3月15日双方在东京互换了协定的批准书,完成了所谓"归还"的"法律"手续。尼克松在访问中国前夕与日本策划所谓"归还",完全是为了打牌的需要,是深谋远虑的冷战思维。这完全有悖于罗斯福总统当年与蒋介石达成的共识,关键在于还擅自将我国固有领土钓鱼岛的"行政权"一并"归还"日本,这是中国人民所不能容忍的。

琉球的"归还",使中国东部海防屏障被完全撕开

琉球(冲绳)的所谓"归还"是美日勾结共同为其亚洲战略利益服务的结果,双方利益均沾。而中国东部海防尤其是台湾的屏障被完全撕开,这一点当年罗斯福早有警告。而且,由此产生了无休止的复杂的政治军事态势和资源纠纷,美国军事力量和基地在冲绳的存在,更对中国和亚洲地区的和平与安全构成了重大威胁。

首先,美国的所谓"归还"实际上是一纸空文。20世纪60年代,《纽约时报》记者曾描述道:"这是一个前哨地区。从这里到中国东部乘飞机只要两个半小时,到朝鲜四个小时,到印度支那六七小时,在亚洲发生的几乎任何军事冲突中,军队将从他们在冲绳岛上围着铁丝网的军事运输基地出动。"不过这一时间速度在今天已大大更新,今日美军战斗机从冲绳起飞到朝鲜只需不到两小时,舰艇只需一天半,到台湾和中国东部的时间将更加大大缩短。因为以冲绳首府那霸为起点计,距中国台北630公里,距上海820公里,所以美军谓之为"太平洋枢纽"。

▲位于冲绳的美军嘉手纳空军基地

据 20 世纪 70 年代有关数据显示，美军控制下的冲绳是其在亚洲最大的基地，共有军事基地和设施 148 处，占地 200 多平方公里，常年驻扎 5 万美军，占驻日美军的二分之一。

据统计，现在日本共有 88 处美军基地，有 36 处在冲绳（主要军事基地），在冲绳美军的主要基地有那霸军港和那霸、嘉手纳空军基地。其他设施和基地提供美军在太平洋地区的后勤补给，还设有核武器、导弹、细菌化学放射性武器及常规弹药的贮藏，还包括战略通讯联络中心、特工机关、空军战略侦察机构，针对中国、朝鲜等亚洲的"美国之音"电台等。20 世纪朝鲜战争、越南及印度支那战争，冲绳成为美军作战的出击前哨和基地。如越战，驻冲绳美军直接开赴南越，轰炸机也皆从此起飞。对中、朝直接进行派遣特务的机构和空军侦察机构，至今也仍在活动。

除美军针对中国的军事侦察设施外，如日本在全国共有 10 处预警侦察设施，一处即设在冲绳，专门侦察中国及朝、俄的军事情报（2006 年 11 月 19 日《环球时报》）。另据日本《读卖新闻》10 月 23 日报道，日本防卫厅和航空自卫队已决定在冲绳宫古岛设置新型电波测定设施，目的明显针对中国（2006 年 10 月 24 日《环球时报》）。宫古岛为宫古列岛主岛，位于琉球群岛最南端。

战略位置重要，大致处于冲绳与台湾之间，距台湾最近处约330公里，西距我钓鱼岛仅100余公里。不久前，日本在冲绳部署了4套美国最先进的第三代"爱国者"导弹系统，佯称为了防御朝核危机，实际上稍有军事常识的人绝对看出日本的剑锋所指！

毋庸讳言，冲绳美军基地的威胁针对谁，是不言而喻的。日美是军事盟国，两国的安全条约已无限期延长，日本右翼一直图谋修宪成为军事大国，军费开支今已名列世界第二。日本当今的军事实力，有兴趣的读者只要查阅英国《简氏防务周刊》《简氏海军防务》等就会一目了然。日本防卫厅1999年颁布《周边事态法》，公然将我国台湾划入"有事"预警区域，将来一旦美国根据协防台湾法案，对我国台湾的台独分裂势力实行"协防"，日本仍有可能像当年朝鲜战争期间那样，配合美军采取行动甚至联合作战，而冲绳则无疑成为桥头堡和前哨基地。即使有朝一日台湾回归统一，只要美军基地存在，仍将对我国东部海防和领土安全构成重大威胁。2006年10月初，美军正式公布首批装备的第四代"世界战斗机"F-35，被美国命名"闪电"（二战时大出风头的P-38曾击落山本五十六座机，亦称"闪电"），具有隐形、超音速、全天候精确打击陆海空目标能力。唯独将此王牌布置于冲绳，可见美军对中国及整个亚太地区谋求绝对军事优势并予以快速反应的意图。另据报道说，日本自卫队离装备该机亦为时不远（2006年10月23日《环球时报》）。2005年美国前空军司令部战略规划办公室官员曾叫嚣要以"利器"介入西太冲突，炸沉一切敌方军舰，他所称"利器"即为美驻冲绳之美国空军。而且，自20世纪50年代起，美国即已视琉球等为

▲日本在冲绳部署了4套第三代"爱国者"导弹

"安全战略"的第一岛链（"岛链"是杜勒斯于1951年提出的冷战思维概念），可见冲绳的军事位置之重要和无可替代。

冲绳附近海域，已被军事专家公认为世界最热点的地区之一，海域内的军舰和潜艇密度堪称世界第一。而且，美军驻菲律宾苏比克海军基地、克拉克空军基地关闭后，美军对冲绳基地作用和重要程度一年比一年更为加强。2009年5月，美军对冲绳驻军进行整编，8000海军陆战队员移防关岛，普天间等5处冲绳美军基地"归还"，实际是为了推进"日本本土冲绳化"，对一衣带水的邻国起到更大的防范、威慑作用。

综上所述，罗斯福的预言不幸言中，目光短浅的蒋介石应负有完全责任。而冷战后的美国政府，艾森豪威尔、肯尼迪、约翰逊、尼克松这主要的几届，以"冷战"思维为主旨，敌视中国，违背罗斯福与当时中国政府达成的共识，将琉球"归还"日本，造成今日的军事政治态势。当年泣血向清朝政府上书求救的琉球大臣尚德宏尽管立誓"生不愿为日国属人，死不愿为日国厉鬼"，他

▲徐永昌上将在"密苏里号"军舰上代表中国政府签字接受日本投降

大概万万没有想到，不仅琉球为之灭亡，而且构成了对中国的重大威胁。他大概也没有想到，中国本来有机会收回琉球甚至有可能复国，却未能把握机遇，而令人遗憾地丧失殆尽！历史，终于走进了另一个房间……

"旧金山和约"与《雅尔塔协定》一样，极大地伤害了中国的利益。美国在 1939 年至 1941 年期间与英、法勾结，欲牺牲中国，诱使与日寇妥协，重演"远东慕尼黑"，还以"中立"为名大卖日本军火从中渔利。在"搬起石头砸自己的脚"后，罗斯福改变政策支持中国。罗斯福以后的几届美国政府又改弦更张，再一次在琉球和钓鱼岛问题上伤害中国，尤其追随美国参加签订"旧金山和约"的 48 个国家，其中有的也遭受过日本法西斯的侵略，至今皆未曾向中国"承认过错并忏悔"（徐永昌语）！

历史将永远不会遗忘，也将永远刻骨铭心。

前事不忘，后事之师

——谁在二战中伤害中国

法国没有资格侈谈人权

在联合国人权委员会第 52 届会议（1996 年）上，中国代表团面对德国外长金克尔在贵宾发言中对中国恶意指名攻击予以驳斥，这是中国在西方贵宾发言答辩中第一次点名对傲慢的西方进行反击。当时中国常驻日内瓦代表团大使吴建民口述答辩，其中云："世界在变，但历史不会变，二次世界大战期间德国法西斯犯下的大量侵犯人权的罪行永远是人类的耻辱。金克尔先生大概有点健忘，你没有资格来教训中国人！"（《吴建民传》，世界知识出版社 2008 年版，转引自 2008 年 7 月 11 日《北京青年报》7 版）

对于法国亦如是，萨科齐对奥运火炬传递、对参加奥运开幕式、对达赖问题、对中国的人权问题，作出了很不光彩的表现，萨科齐其实也没有资格侈谈人权问题，他也有点健忘：法国从鸦片战争以来直到二战中，一直在伤害中国。

前些时候有人考证说：法国是不主张烧毁圆明园的。这完全是一派胡言，历史从来也绝不能被阉割！法国是不主张烧圆明园，但法国是与英国分赃不均，而是主张烧毁紫禁城！

▲《慕尼黑协定》签字现场的张伯伦、达拉第、希特勒、墨索里尼（从左至右）

法国是从鸦片战争以来对中国伤害最深的老牌殖民国家之一，从第一次鸦片战争到八国联军侵华，法国都是罪魁祸首之一，是主张瓜分中国的倡导者之一，对中国的蚕食不遗余力。

有的人津津乐道法国是欧洲民主和自由的发源地，津津乐道1789年法国大革命《人权宣言》是民主的范本。至今人们只谴责希特勒德国的反犹，其实法国在二战中也不乏反犹行径，《人权宣言》的适用对象并不包括当年法国境内的400万犹太人。拿破仑曾称犹太人为"下流卑鄙的民族"，并下令予以严控。法国也无法抹掉臭名昭著的歧视犹太人的恶行。在二战中投降希特勒德国的法国贝当政权大肆搜捕和迫害犹太人，将四分之一的法籍犹太人用专列送进纳粹奥斯维辛集中营。

自诩为"自由、平等、博爱"的法国，在没有投降前，就干着伤害弱小国家的卑鄙勾当。法国与英国狼狈为奸，在1938年妄图将法西斯的凶焰引向东方，臭名昭著的肢解捷克斯洛伐克的《慕尼黑协定》，使法国永远被钉在历史的耻辱柱上。法国还与英国密谋"东方慕尼黑"，向日本妥协，妄图牺牲中国换取其在亚洲殖民地的利益。没有英、法两国的"绥靖政策"姑息养奸，德国法西斯不会如此猖狂。英、法为防止战火烧到自家门前，不惜以牺牲弱小国家为代价换取苟安于一时。英、法当时把持了"国联"，表面高举"道义"的大旗，但对日本侵略中国的行径，口头制裁，而实际纵容，终致日本有恃无恐地发动全面侵华战争。

在二战中切断中越武器运输通道

在一战期间，中国支援了法国，盟军招募了 14 万华工至欧洲参战，其中有 2 万华工为法国捐躯。而法国在二战中是怎样对待盟国中国的呢？

在二战中，法国对中国屡加伤害，因此，在 1943 年 11 月，美国总统罗斯福在中、美、苏三国开罗会议上正式提议：二战结束后，法属印度支那（原法国殖民地越南、老挝、柬埔寨）决不交给法国。

1945 年 8 月，日本宣布无条件投降时，盟军总部明确命令日本无条件投降后，日本原占领的法属印度支那北纬 16 度线以南由英国军队受降，16 度线以北由中国受降。不仅如此，在 1945 年 9 月 28 日举办的盟国河内受降仪式上，不悬挂法国国旗，法国代表仅被盟军总部允许以个人名义出席受降观礼。

为何对法国予以种种限制？这皆因为法国在二战中向德国法西斯变相投降，甘当德国的仆从国。在亚洲反法西斯战场，又向日本法西斯变相投降，切断中越之间的武器运输通道，使中国政府在对日作战中蒙受了不可弥补的巨大损失。为此，中美两国不得不花费巨大人力、物力开辟滇缅公路和"驼峰通道"，不仅中国军民付出了巨大的牺牲，美军数千飞行员也永远长眠在了茫茫崇山深壑中。这一切本不应该付出的牺牲和代价皆由于法国甘心为虎作伥的行径！

日本法西斯发动全面侵华战争后，国民党政府急切需要从外国大量进口武器装备和兵器制造材料，但当时日本已全面封锁中国上海、广州等大城市，中国沿海一带已无可登陆输送武器装备的港口，而唯一未被日军封锁和较为便利的登陆港口只有越南海防，这已成为中国唯一运进武器装备和物资的登陆港口和通道。当时，越南是法国殖民地，按二战前中国与法国的有关协议规定，中国有权使用越南境内的铁路运输物资。

1937 年 8 月，国民党政府向法国政府发出照会，提议开辟中越运输线。

但是，法国当时采取"绥靖政策"，与日本眉来眼去，根本不想真心帮助中国抗战。但又碍于中法两国之间早有关于中国可以使用越南境内铁路的协议，不得不勉强同意中国的照会。

在获得法国殖民当局的同意后，中国立即派遣国防部兵工署官员到越南境内，勘察铁路状况。经勘察得知：由越南海防通往中国境内的铁路主要有两条：一条是滇越线，由海防至昆明；一条是桂越线，由海防至广西边境。两条铁路线路况都不是很好，而且险象环生。从理论上说不适合运输武器装备和物资。

但中国当时迫切需要加强抗战实力，以反击日本侵华，只能被迫使用这唯一可用的对外通道。

1938年年初，当时苏联还未与日本签订互不侵犯条约，为支援中国抗战，曾决定向国民党政府提供一定数量的重装备武器。鉴于中国的港口基本被日本占领或封锁，苏联将这批武器在黑海军港装载，秘密开赴海防。为使这批重装备武器战车、火炮等能及时快速装备中国军队，苏联没有将这些武器装箱，以至在运输到海防港口装卸时被日本间谍刺探。日本立即向法国殖民当局提出抗议，要求禁止将这批重装备武器运往中国境内。

法国殖民当局本来就对日本心存恐惧，在接到日本的抗议后，竟不顾已与中方达成的协议，而接受了日本的这一无理要求。当时，苏联支援的这批战车、火炮及弹药大部分已装载到火车上并已开始启运。法国殖民当局秉承日本的旨意，立即向中方发出停运决定。中方运输人员得知法国殖民当局这一背信弃义的决定后，没有理睬，而是改变了走桂越线的原订计划，立即改行滇越线，以防止法国驻越殖民军拦截。最后，这批中国抗战急需的重装备武器终于完整到达云南，法国殖民当局的命令虽然下达，但终成一纸空文！

法国殖民当局恼羞成怒，怕得罪日本，竟然违反中法两国协议，将海防港口大量苏联援助的步兵武器，全部予以扣留，拒不放行。这一无理行径遭到国民党政府的严正交涉，但法国政府采取"驼鸟政策"，置之不理。最后，在国民党政府一再交涉下，法国政府为不得罪日本，又不违反与中国的协议，竟然提出了一个"走私放行"的办法。即法国政府仍然继续扣留这批武器，中国不能公开以铁路运输方式运送武器，但可以使用走私方式，以小船运载沿海岸至芒街，再转运至中国广西边境的东兴上岸。面对法国的无赖，为使这批武器尽快装备中国部队，中国被迫接受这一方案。可想而知，在法国的阻挠和刁难下，这批武器的运输费尽太多的周折，虽然最终全部运输到了中国境内，但却大大影响了装备中国军队的进度。

法国殖民当局在这次事件后，为彻底断绝中国的武器外援，竟然作出一个规定：今后除法国制造的武器外，任何国家的武器装备都不能运进中国。而法国从中国抗战开始，几乎从未提供给中国武器装备，这一卑鄙的规定实际上等于断绝了中国通过中越运输外国援助武器的唯一途径！表面上，法、中两国还算是同盟国，法国的"绥靖政策"的目的就是想与日本讲和，牺牲中国来保住印度支那殖民地。

但实际上，"绥靖政策"是搬起石头砸自己的脚。德国、日本并不理睬法国的暗送秋波。德国开始在欧洲进攻法国本土，1940年6月，不堪一击的法军溃败，法国向德国投降。法国被一分为二，一部分成为德军占领区，由德国设立总督管理；另一部分是法国维希傀儡政府的地盘，被德国控制。

此前，法国殖民当局虽然严格管制由海防向中国运输武器，但一些中国公、私物资尚可以输送。法国投降德国后，日本开始更加强硬，立即要求法国殖民当局派军队封锁中越边境，不得向中国输送任何物资。法国殖民当局卑躬屈膝，完全同意日本的要求。至此，中越运输线完全被法国切断。当时，中国尚有10多万吨公、私物资在海防滞留。此时，这批物资的唯一出路就是转道滇缅公路运回中国。但在日本的要求下，英国殖民当局也封锁了滇缅公路，使得援助中国抗战的物资运输线彻底断绝！直到太平洋战争爆发，日本正式对英、美宣战，在中国政府的要求下，滇缅

▲日军偷袭美国珍珠港，导致太平洋战争全面爆发

公路才重新开通，滞留在海防的这批物资的一部分才开始运输到中国。

日军占领越南后，法国殖民当局投降，彻底沦为"二鬼子"，对中国更加敌视，与南京汪伪政权发生关系，遂导致国民党政府于 1943 年 8 月 1 日与法国维希政府断绝外交关系。

维希政府与汪伪政权签订协定，放弃在华治外法权

二战尤其太平洋战争爆发后，英、美为了自身利益和让中国牵制日本，于 1942 年 10 月，相继宣布废除对华不平等条约，放弃治外法权、租界等不平等特权（英国拒不放弃香港、九龙）。

在二战前，德国、奥匈、苏联、比利时由于种种原因，对华不平等条约及治外法权皆已不复存在。

1943 年，日本为了安抚汪伪政权，于 1 月 9 日与汪伪政权签订协定，将使馆界、行政权及公共、日本租界"交还"，并"取消"治外法权。1 月 14 日，意大利墨索里尼政府也发表了与日本同样的声明。在此之后，日本开始向法国维希政府施压，要求法国与日本、意大利采取同一行动，并向法租界施加种种压力。在太平洋战争爆发后，日本已占领英、美在中国的一切租界，接收英、美的大批医院、学校、教会。英、美的治外法权和租界实际已不复存在，故舆论早就指出，交还中国只是一个"空头人情"！法国维希政府恐怕法租界落得同样下场，又惧怕越南等殖民地被日本武力吞并。再者，法租界皆在占领区内，早已名存实亡。法国不得不屈服于日本的淫威，被迫于 1943 年 2 月 23 日发表"放弃在华治外法权，并交还在华各处租界"之宣言。

由于中（国民党政府）、法两国当时尚有外交关系，法国维希政府于当日将宣言内容通知国民党政府外交部，按照外交惯例，法方应与中国合法政府商谈交还事宜。但法国竟然不顾外交准则，竟将宣言内容又通知南京汪伪政权。国民党政府立即对法方提出抗议。法方不但不停止此种非法行为，反而一意孤行，竟开始与汪伪政权接触、商谈，于 5 月中旬陆续与南京汪伪政权签订协定，将北平使馆界、上海公共租界、厦门公共租界行政权，及天津、汉口、广州等处法国租界移交汪伪政权接收。对这一污辱中国人民情感的恶劣

▲1940年9月27日，《德意日三国同盟条约》在柏林签字。
1941年年底，日本外相松冈洋右访问柏林

行径，国民党政府外交部于5月19日向法方驻华大使馆递交措词强硬的外交照会，抗议法方"此种违背国际法之举动，并声明法国（指维希政权）依照中法间不平等条约取得之权利已归于消灭"。

对中国义正辞严的抗议，这个在德国卵翼下的法国傀儡政权，在日本的凶焰下战战兢兢的"二鬼子"，竟然蔑视中国的再三抗议和警告，又于7月22日与汪伪政权签订《法还沪租界协定》，将上海法租界移交给汪伪政权。两个傀儡政权竟然一唱一和，用中国的权利取媚日本主子。协定规定：（一）法国于七月三日以前将上海法租界内之道路、运河、船厂、堤道、船坞等交与南京汪伪政权；（二）南京汪伪政权无须赔偿款项；（三）南京汪伪政权尊重并承认前法租界内法政府及法国人民之私有财产。

这种傀儡之间的交易当然不为中国政府所承认。国民党政府于8月1日宣布与法国维希政府断绝外交关系，并重申法国根据不平等条约所取得之权利，"一概消灭"。中国的声明义正辞严，但法国戴高乐的民族解放委员会却表示异议。

国民党政府在与法国维希政权断交后，为了同盟国反法西斯事业和同情援助法国人民争取独立自由，于8月27日正式承认位于北非的由戴高乐领导的法国民族解放委员会为法国合法政府。但戴高乐政府却坚持认为维希政府将法租界移交汪伪政权，非法国政府行为，应为无效，法国不予承认。对于中国宣布法国基于不平等条约所取得之权利已"归于消灭"，中国不再受其拘束，

戴高乐政府认为依国际公法、国际条约不能由缔约一方片面宣布取消。因此，法方认为法国在华仍然有上述种种权利。看来，维希政权与戴高乐政府脑子里都还残存着殖民主义思想，不平等条约是当年法国用大炮逼迫清政府签订的，是违背中国人民意志的，是不平等的"城下之盟"，有什么"国际公法"可言？而且，法国人唯利是图，出尔反尔，在需要中国人民支援的时候，可以拍着胸脯冠冕堂皇发誓，在中国承认戴高尔政权前的 8 月 19 日，法国民族解放委员会组织在阿尔及尔

▲奥斯维辛集中营内堆积如山的遇难者遗物

通过决议，宣称：解放委员会一经中国政府（指国民党政府）承认，即考虑修改过去法国在中国保存之特权。怎么中国承认法方为合法政府后，不但不予放弃，"修改"都不存在了呢？

但是，尽管法方留恋特权，但是大势所趋，西方列强只有法国还不肯放弃。迟至 1945 年 8 月 30 日，在德、日法西斯均已覆灭后，法国才正式向中国送交《中法关于法国放弃在华治外法权及有关特权条约》。中国坚持固有立场，认为法国在中国所享有治外法权，前因法国维希政权与汪伪政权发生关系，早经中国政府宣布失效，法国在华已不复有治外法权及其有关特权可资放弃，只能正式结束中法旧日关系才可以商谈新约。法国在同时进行的中法关于中越关系协定之谈判，多坚持一方观点，致使 1946 年 3 月中法关于越南谈判结束后，中法新条约与中越关系协定及换文签字等，6 月 8 日才经互换批准书生效。

法国从不为在二战中伤害中国而道歉，反而在本该早已废除的不平等条约上一再节外生枝。法国耿耿于怀治外法权的丧失，事实证明，"平等、自由、博爱"从来就是一个实用的双重幌子，法国在越南受降时，竟不惜与中国动武，暴露了法国不甘心放弃殖民利益的丑恶嘴脸，但中国已不是清朝时的飘摇

▲圆明园遗址

帝国了，法国得到了应该得到的教训。

至今不肯归还从中国掠夺的无数珍贵文物

1742 年，并未完全亲历中国的英国海军上将安森在其所著《环球旅行记》一书中，以"日不落帝国"式的傲慢，形容中国是"卑劣、堕落、偷盗、恐怖、暴政"。可惜，这样的词汇不仅用来形容英国这个疯狂掠夺扩张的殖民帝国行径恰如其分，用来形容法国这个侵略扩张者也非常适合。

1866 年 8 月，法国派遣舰队攻打朝鲜江华岛，将朝鲜王国位于江华岛的外奎章阁（王室图书馆兼藏经阁）里的典籍文物一掠而空，至今韩国仍在追索。

至于法国在对华侵略的两次鸦片战争及八国联军侵华战争中掠夺了多少中国精华文物，至今恐怕也无法统计。世界文明古国包括中国、埃及一直在追索殖民帝国掠夺去的文物。但是像法国、英国等昔日列强，却异常顽固地设置重重障碍，屡屡拒绝归还文物。2002 年，法国卢浮宫博物馆、英国大英博物馆等 18 家欧洲博物馆联合发表声明，公开反对返还流失（这是文字游戏，其实应该称为"掠夺"——作者注）文物。他们强词夺理的理由是：文物都通过购买或受赠获得，并已成为博物馆乃至所在国财产的一部分，文物原属国没有足够的经济实力保护文物。文物属于全人类文化和精神遗产，应为全人类享有。这些冠冕堂皇的借口其实不值得一驳。吴仪在同美国进行知识产权谈判时义正辞严的一席话足以表明那些殖民国家的谬论是何等不堪一击。

▲八国联军进入大清门，堆满珍宝文物的宫室苑囿被洗劫一空

谈判中，美国代表曾傲慢地表示：我们不能与小偷（指中国）谈判。吴仪当即大声驳斥：看一看你们的博物馆里有多少掠夺自中国的文物，我们更不能与强盗谈判！一席话顿使美方代表哑口无言。

▲1900年8月14日，八国联军在紫禁城内阅兵

2004年，中国明确向法国等多家博物馆提出追索中国流失文物的要求，并发表公开信，明确指出因受战争掠夺或非法途径流失海外的中国文物所有权属于中国，作为文化遗产、艺术成果可以共享，但主权不能共有。面对中国的正义诉求，法国卢浮宫、英国大英博物馆、纽约大都会艺术博物馆等答复各有不同，但都顽固坚持不能归还给中国。纽约等博物馆的答复还比较婉转，法、英等就更为直接，表达了典型的殖民主义的强盗逻辑！

法国对掠夺来的文物尚且如此不肯归还，对于靠炮舰霸占的殖民地更是不惜使用一切手段强赖不还。法国自走上殖民帝国的道路以来，以大炮军舰向海外扩张，在亚洲、非洲等海陆霸占很多土地。法国的海外扩张史，可以追溯到几个世纪前。如1673年，法国强占了印度南部泰米尔纳德邦首府金奈以南

▲1945年10月11日，日军受降仪式在河内举行，美军中将Philip E.Gallgher也在场，他的右边就是胡志明和被废黜的前越南国王保大（Bao Dai）

▲幻影2000

160公里处的海滨城市本地治里。这里最早是泰米尔人的渔村，法国侵略者强占之后，成为法国统治的领地，一直统治了281年。1954年11月1日，本地治里人民经过公决加入印度成为联邦属地，但由于法国的殖民情结，拖了9年才由法国国会于1963年确认批准与印度签署的相关条约。本地治里的收回毕竟没有大动干戈，而法国在非洲的殖民地阿尔及利亚独立时，法国却恼羞成怒，不惜发动战争，妄图阻止阿尔及利亚人民走向独立自由，但最终以法国的惨败而告终。法国和英国还发动对埃及及苏伊士运河的战争，同样是为了保持殖民利益。

熟悉中国近代史的大概都知道荷兰、日本占领过中国领土台湾，殊不知法国也曾发兵侵略过台湾，只不过没有得逞而已。1933年，法国即非法占领了中国南沙的9个小岛。为了蚕食中国领土，法国多次发动或参与对中国的战争。如清末发生在中国马尾军港和中越边境的战争等等。

抗战中不给中国一枪一弹，60 年后卖给中国台湾"幻影2000"

法国在二战中对中国人民的伤害我们尚记忆犹新，而法国前总统萨科齐不顾中国人民的情感和强烈愤慨，不顾中国政府的多次规劝和警告，竟悍然会见到波兰窜访的达赖。

法国大概忘了二战时恬不知耻地强行到越南受降所受到的中国军队的教训，忘记了1991年中法关系恶化的后果。

1981 年 5 月，因荷兰政府执意向台湾出售潜艇，中国政府宣布将两国外交关系降为代办级，直到1984年2月两国才恢复大使级外交关系。这缘于同年荷兰向中国政府的保证：不向台湾出售任何武器，"荷兰会坚持一个中国政策"。

但法国惯于耍小聪明，无视荷兰的先例，敢于冒犯中国的核心利益，1991 年 6 月 6 日，法国政府决定向台湾出售价值 27 亿美元的 6 艘护卫舰。中国政府立即提出抗议。惯于两面派的法国一方面重申法国的对华政策和在台湾问题上的立场，另一方面却又批准向台湾出售"不装备武器的防卫舰船体"。9 月 27 日，法国正式公布批准售台军舰，中国政府再次提出抗议。1992 年 11 月18 日，法国媒体揭露：法国售与台湾幻影 2000-5 战机当日签字，这是当时最先进的战斗机，出售价值约 150 亿法郎。法国做了亏

▲1945年8月，卢汉与滇南美军总司令加里格将军在河内日军签字投降后合影

203

▲1945年9月，奉命到越南河内受降的第一方面军司令官卢汉

心事，一直在偷偷摸摸遮掩，被媒体揭露后，才被迫于12月22日由外交部承认对台出售武器的交易。法国摆出一副殖民老牌帝国的嘴脸，本以为中国政府不会怎么样，但中国已不是法国当年火烧圆明园时的封建帝国了。中国为了维护自己的核心利益，毅然作出强烈反应。

中国政府在得知法国售台武器时，立即作出强烈反应，果断削减中法之间数个合作项目，撤销两国间正在谈判的广州地铁、大亚湾核电站第二期工程、购买法国小麦等对法方有利的大型项目；同时不再同法方商谈新的大型经济贸易合作项目。在政治层面上，严格控制两国副部长以上人员往来。1992年12月23日，中国政府外交部要求法国在一个月之内关闭其驻广州总领事馆。中国政府采取的上述外交行动，让当时的法国政府受到惨痛一击，从政治、外交到经济都付出了沉重代价。

1993年3月，换届后的法国政府意识到问题的严重性，开始从战略上重新估价中法关系的重要性，从而积极谋求改善对华关系。法国政府于1993年7月和12月两遣特使，来华商谈中法关系正常化问题。1994年1月12日，中法两国发表联合公报，使两国关系实现了正常化。

但殊不知，仅仅相隔14年，法国又好了伤疤忘了疼，再次触及中国核心利益的红线。从抗战期间法国站在日本侵略者一边，不卖中国一枪一弹并封锁外援武器通道，到1960年后大卖台湾先进武器；又于今年在奥运、西藏问题上一再伤害中国，中国难道可以一而再、再而三地受其要挟吗？法国忘了，在抗战胜利后是怎样受到中国人的武力教训的！我们不妨打开回忆的闸门，可以窥见法国前倨后恭、偷鸡蚀米的丑态。

盟军不准法国去越南受降，法国对中国军队动武受痛击

从清代中期以来，法国侵略中国最为猖狂，即使冯子材将军在谅山大捷痛击法军，清政府仍然签订了卖国条约。所以法国一直趾高气扬，极度蔑视中国军队。但在抗战胜利后，中国军队终于教训了法国，一雪国耻，使中华民族百年耻辱块垒为之一吐；并且帮助越南人民，为其实现民族独立创造了有利条件。

云南讲武堂毕业生卢汉在抗战期间任第 60 军军长，于台儿庄屡创日寇，多次因战功升迁，出任国民革命军抗战序列中的第一方面军上将衔总司令。抗战胜利后，先赴芷江参加受降仪式，1945 年 8 月奉盟军统帅部和中国战区之命，亲率 20 万大军开赴越南受降，其中滇军为主力，有讲武堂毕业生曾泽生中将为军长的第 60 军等。越南原为清朝藩国，1884 年中法战争失败后，被法国割去。1940 年日寇侵越，当时的法国印支总督、海军中将德古弃战投降，但日军仍允许法军暂留越南，法国殖民军遂成为日寇的帮凶，日本天皇颁布投降诏书后，盟军统帅部鉴于法国投降德国和对日本侵略的孱弱，在开罗会议上罗斯福总统特别申明"决不允许把印度支那交还给法国"，盟军统帅部特令：法属印度支那北纬 16 度以南由英军受降，17 度以北由中国军队受降，越南由盟军共管。法国不得参加越南战场日寇投降仪式，不准悬挂法国国旗，法方只允许以个人名义出席受降仪式。这对法国不可谓不是耻辱，因为越南前国王保大还被盟军允许参加受降仪式。

卢汉代表中国和盟军统帅部举行庄严的受降仪式后，越南形势

▲云南省政府主席龙云

205

却急剧变化。胡志明联合其他政党，在日寇投降前夕已发动起义，成立越南民主共和国临时政府，并宣布与法国废约。法国则梦想重整殖民地河山，而国民党政府表面赞成越南独立，背后却愿法国恢复其统治。作为驻越受降部队总司令的卢汉将军，却与国民党政府的做法产生分歧。他同情越南人民的独立愿望，认为应遵守盟军统帅部的命令，他即令全军密切注视法军动向，以防不测。

果然，逃到云南的原法国殖民军司令亚历山德里，在举行受降仪式前夕，居然提出要组团参加仪式并悬挂法国国旗，被卢汉断然拒绝。亚历山德里的专机欲从昆明起飞赴河内，也被卢汉下令扣押。1946 年 2 月 28 日，法国与杜鲁门及国民党政府达成协议。由法军接防越南。国民党急于内战，欲将受降部队调往东北。越南北方愤于法帝欲卷土重来，亦准备武力抵抗，一时战云密布。

卢汉考虑一旦越、法两方开战，必将迁怒于中国，出于大局考虑，他向蒋介石请求增兵，与越方共同防守。蒋亦怕动荡的局势影响部队撤离，遂以同意。此时，中法会谈商洽，法军坚持登陆，中方代表请示卢汉后断然拒绝。法方遂放言：中国军队装备很差，法军必将中国军队赶出越北。此时防守海防的是讲武堂毕业生曾泽生率领的第 60 军及第 53 军，已接到命令：法寇一旦来犯，必予以痛击。3 月 6 日法军 9 艘军舰驰向海岸，并率先开炮，命中中国守军弹药库。中方迅速还击，以 6 枚火箭弹击沉法舰一艘、击伤两艘，法舰仓皇溃逃。这是清末中法马尾之战以来对法帝的沉重打击，扬我国威，军心大振。法国远东舰队司令阿巴努亲至中国驻军阵地，向我指挥官道歉。越南人民得知我军大胜之后奔走相告，倾城游行，高举中国国旗，欢呼万岁。在以后的谈判中，法方终于承认了越南的独立地位。5 月，中国受降部队终高奏凯歌撤回中国。

卢汉在法国和国民党政府双重压力下，折冲樽俎，不辱使命，顺利受降，战败法军，扬威海外，为讲武堂历史增添了光辉的一页。卢汉的谋断于此发挥到了极致。当罗斯福逝世后，杜鲁门已放弃承诺，国民党政府欲撤兵投入内战，越南各方造成的压力也颇大；卢汉能善始善终，殊为不易。

但蒋介石迁就法国的政策终引来后患，越南人民由此与梦想重整殖民地河山的法国进行了 10 余年的抗法战争。实际上，新中国成立后，向越南派出军事代表团指挥抗战，帮助训练越南人民军，提供从武器到粮食的一切支援，这仍是中国与法国殖民者的较量，胜利最后属于中越人民，法国不得不灰溜溜地以失败而永远离开了越南。法国曾经傲慢专横不可一世，如同曾蔑视中国军队一样，更蔑视越军。但是尽管同越军多次交手，却连越军最高指挥官武元甲的名字都不知道，更不清楚这场战争的背后是中国在支持，其惨败是可想而知的。

值得一提的是，作为抗战胜利后领导中国军队击溃法军的卢汉将军与提拔他的表哥龙云还有一段传奇故事，使他命中注定打败法国侵略者。龙云、卢汉是表兄弟，还是云南讲武堂的同学。1914年有一位趾高气扬的法国拳师大力士到昆明打擂，眼中视中国人为无物。即将毕业的龙云奋起击败法国拳师大力士，这一壮举至今还成为老百姓齿有余香的佳话。卢汉在台下一定看到了这一幕，在40年后，率军痛击法国舰队，与表哥异曲同工，一洗国耻，振奋国威！

但愿法国记住教训，以史为鉴，勿忘从清代以来直至抗战中对中国的伤害，改弦更张，犹未晚也！

法国人是有品位、有文化的，仅凭年人均读20本书即可见其一斑。笔者并非完全赞同近来法国人写的《1940—1945：糜烂年代》、美国人写的《可耻的和平》等一系列揭露法国"苟且偷生"性格的著作，这些书以揭露纳粹占领法国期间法国女人如何"讨好"德国军官，及1942年有200万法国人被关入监狱，人口出生率却急剧上升，等等。那个时代也许法国人在"苟且偷生"，所以雅尔塔会议和波茨坦会议法国都被排斥在外。法国于二战后在戴高乐的领导下曾经敢于与美、英抗衡，退出北约，于1964年与中国建交。中国从来珍惜中法友谊，但从来也不会牺牲自己的核心利益。法国不再是路易十四和拿破仑时代不可一世的殖民帝国了，中国也再不会像清朝老大帝国任人宰割。这是潮流和趋势，因为中国人民早已站起来了！

主要参考书目

张宪文等　编　　　　《南京大屠杀史料集》　　　　江苏人民出版社 2007 年版

《南京大屠杀——历史照片中的见证》　　　　（ Innovative Publishing Group ）

《环球时报》

（2005 年 8 月 2 日、2005 年 8 月 31 日、2005 年 11 月 30 日、2005 年 12 月 9 日、2006 年 9 月 8 日、2006 年 9 月 22 日、2006 年 10 月 23 日、2006 年 11 月 3 日、2006 年 11 月 19 日、2006 年 12 月 26 日、2007 年 5 月 11 日、2007 年 6 月 7 日、2008 年 4 月 29 日、2008 年 12 月 8 日、2008 年 12 月 9 日）

湖南省芷江县县志办公室　编　《抗战胜利受降芷江记事》

萧慧麟　著　　　　　《萧毅肃上将轶事》　　　　台湾书香文化公司 2005 年版

[日] 今井武夫　著　　《今井武夫回忆录》　　　　上海译文出版社 1978 年版、

　　　　　　　　　　　　　　　　　　　　　　　中国文史出版社 1987 年版

向国双　编　　　　　《芷江受降》　　　　　　　岳麓书院 1997 年版

刘华清　著　　　　　《中国共产党及其领导的抗日　《求是》，1995 年第 15 期

　　　　　　　　　　军民是全民族抗战的中流砥柱》

　　　　　　　　　　《中国艺术报》　　　　　　　2007 年 8 月 30 日

韩兢等　著　　　　　《韩练成画传》　　　　　　中央文献出版社 2006 年版

全国政协文史委　编　《中华文史资料文库》（第五卷）　中国文史出版社 1996 年版

孙继岳、孙志华　著　《正面战场大会战——　　　团结出版社 2007 年版

　　　　　　　　　　国民党军队抗战纪实》

姜鸣　著　　　　　　《龙旗飘扬的舰队——　　　三联书店 2003 年版

　　　　　　　　　　中国近代海军兴衰史》（增订本）

黄仁宇　著　　　　　《以大历史的角度谈蒋介石日记》　九州出版社 2008 年版

田桓等　主编　　　　《国际条约集》（1950—1952）　世界知识出版社 1967 年版

　　　　　　　　　　《战后中日关系文件集》（1945—1970）　中国科学出版社 1996 年版

顾维钧　著　　　　　《顾维钧回忆录》　　　　　中华书局 1985 年版

高群顺　著　　　　　《台湾秘密档案解密》　　　台海出版社 2008 年版

　　　　　　　　　　《北京青年报》　　　　　　2008 年 1 月 4 日，2006 年 7 月 27 日

　　　　　　　　　　《二十四史》　　　　　　　中华书局 1977 年版

	《清史稿》	中华书局 1977 年版
黄 华 著	《亲历与亲闻——黄华回忆录》	世界知识出版社 2007 年版
左宗棠 著	《左文襄公全集·奏稿》	
包尔汉 著	《新疆五十年》	文史资料出版社 1984 年版
	中央电视台《电视传奇·鄂尔多斯风暴》	2006 年 12 月 16 日
程远行 著	《中国涉外事件秘闻》	作家出版社 2006 年版
刘 红 著	《蒋经国全传》	中国言实出版社 1996 年版
	《1902—2006 百年沧桑—— 芸芸众生与大公报》	中国工人出版社 2006 年版
沈 醉 著	《军统内幕》	文史资料出版社 1984 年版
师秋郎 整理	《领袖毛泽东——师哲回忆》	红旗出版社 1997 年版
李 敖 著	《我来剥蒋介石的皮》	内蒙古文化出版社 1999 年版
陶菊隐 著	《武夫当国》	海南出版社 2006 年版
广州市文化传播事务所 编	《20 世纪中国全纪录》	北岳文艺出版社 1995 年版
溥 仪 著	《我的前半生》	群众出版社 1964 年版
朱维毅 著	《寻访"二战"德国兵》	同心出版社 2005 年版
王德芬 著	《我和萧军风雨 50 年》	中国工人出版社 2004 年版
李鸿章 著	《李文忠公全集·奏稿》	
覃明贵等 编	《外国元首与幕僚》	东方出版社 2005 年版
王 凡 著	《吴建民传》	世界知识出版社 2008 年版
徐永君 著	《邓小平纵论国际舞台》	中国文史出版社 2011 年版
李玉昆 著	《泉州海外交通史略》	厦门大学出版社 1995 年版

跋

万伯翱

我和朱小平先生相识多年。在 20 世纪 80 年代，我已闻其名，但未识其人。我和他最初相遇在画家范曾的崇文门寓所，那时他年纪很轻，还不到 30 岁。我惊讶地看到范曾正在挥毫为他作画，范曾向我介绍：小平是一位正直、敬业的记者，"攻读文史殊勤"，"有古代文人的风骨"。当时给我留下的印象非常之深，从此我们订交成为挚友。我很佩服他写的旧体诗词和优雅的文史随笔。

朱小平不仅是资深名记者、名编辑，也是旧体诗词高手、传记文学作家。上世纪 90 年代他出版的《蒋氏家族全传》（上、下卷）《顾城传》《鬼才范曾》等都产生过广泛的影响。同时，他擅长文史，出版有数部文史随笔集。尤其他撰写的《谁该向中国忏悔——抗战胜利反思录》在杂志连载，我几乎每期必读。深感该书有动魄醒众之感，以其澎湃的爱国激情和严肃的治史态度，向读者展示中国百年屈辱的历史，尤其告知近代史中国唯一抵御外族侵略的伟大胜利来之不易，激发人们勿忘历史的爱国热情，珍惜今天祖国的统一和富强，应该是提倡一读的优秀爱国主义的普及教材。

2010 年 8 月
作者为中国传记文学学会会长